D1356618

DÉJAME QUE
TE CUENTE...

DÉJAME QUE TE CUENTE...

JORGE BUCAY

DEL NUEVO EXTREMO · integral

Déjame que te cuente...

Autor: Jorge Bucay
Diseño de cubierta: OpalWorks
Fotografía de cubierta: Tony Stone
Compaginación: Marquès, S.L.

© del texto, 1999, Jorge Bucay
© de esta edición:
2002, RBA Libros, S.A.
Pérez Galdós, 36 - 08012 Barcelona
www.rbalibros.com / rba-libros@rba.es
2001, Magazines, S.A. Juncal 4651 (1425) Buenos Aires - Argentina

25ª edición: junio 2005

Ref.: OALR034
ISBN: 84-7901-807-0
Dep. Legal: B. 1.863 - 2005
Impreso por Novagràfik (Montcada i Reixac)

A mi hija Claudia

Sumario

PRÓLOGO

Era un luminoso mediodía de diciembre en Buenos Aires, y yo iba a encontrarme con Jorge. Con mi amigo Jorge. Íbamos a comer juntos, como tantas otras veces. Pero éste no era un encuentro como los demás: aquella vez nos encontrábamos para despedirnos.

Hacía ya bastante tiempo que yo viajaba regularmente a España para coordinar trabajos de fin de semana, hasta que finalmente mi enamoramiento por Granada me llevó a tomar la decisión de vivir aquí, por lo menos mientras durase el amor. Fue por esta pasión que entre charla y comida china nos estábamos despidiendo.

Después de almorzar y charlar, tomamos café... y luego, seguimos charlando. Caminamos y tomamos helado. Y luego, todavía más charla y más caminata.

Finalmente, al anochecer, nos abrazamos fuertemente y nos dijimos hasta pronto. Llevaba conmigo *Cartas para Claudia*, el primer libro de Jorge. Era como llevarme un pedacito de él que hasta hoy me acompaña, ajado y releído, en mi mesita de la consulta.

Atrás quedaban el camino recorrido juntos y muchas, muchas horas de trabajo compartidas. Pasó el tiempo

(¿dos años?) y, con mi consulta ya instalada en Granada, escribí a Jorge un día: se me había ocurrido invitarlo a trabajar conmigo un fin de semana. La respuesta no se hizo esperar: un sí enorme e incondicional, como Jorge. Desde ese momento, una o dos veces al año el doctor Jorge Bucay viene y me regala el placer de trabajar juntos.

Fue a través de estos viajes que mis pacientes los conocieron, primero a él y luego a sus libros... A mi pedido, Jorge trajo un día en su maleta unos pocos ejemplares de *Recuentos para Demián*, el libro que ahora se publica en España con el título *Déjame que te cuente...* Esos pocos libros fueron capturados por los pacientes y amigos que supieron que los teníamos. Quienes lo leyeron, lo prestaron a sus amigos y estos amigos a sus amigos... y así comenzó una insistente demanda sobre dónde y cómo conseguirlos. Fue entonces cuando comenté con Jorge la necesidad de publicarlos aquí.

Esta es la historia de su presencia en España y del libro que tienen en sus manos. Todos sus comentarios y sus cuentos son útiles y hermosos. Uno de los que a mí más me gusta «Las alas son para volar». En una parte de este cuento, el padre dice «Para volar, hay que crear el espacio de aire libre necesario para que las alas se desplieguen... para volar hay que empezar corriendo riesgos».

Jorge sabe crear el espacio suficiente, él asume los riesgos que corre, y por encima de todo, tiene unas maravillosas y enormes alas.

JULIA ATANASÓPULO
Granada

El elefante encadenado

—No puedo —le dije—. ¡No puedo!

—¿Seguro? —me preguntó él.

—Sí, nada me gustaría más que poder sentarme frente a ella y decirle lo que siento... Pero sé que no puedo.

El gordo se sentó a lo buda en aquellos horribles sillones azules de su consultorio. Sonrió, me miró a los ojos y, bajando la voz como hacía cada vez que quería ser escuchado atentamente, me dijo:

—Déjame que te cuente...

Y sin esperar mi aprobación Jorge empezó a contar.

Cuando yo era pequeño me encantaban los circos, y lo que más me gustaba de los circos eran los animales. Me llamaba especialmente la atención el elefante que, como más tarde supe, era también el animal preferido por otros niños. Durante la función, la enorme bestia hacía gala de un peso, un tamaño y una fuerza descomunales... Pero después de su actuación y hasta poco antes de volver al escenario, el elefante siempre permanecía atado a una pequeña estaca clavada en el suelo con una cadena que aprisionaba una de sus patas.

Sin embargo, la estaca era sólo un minúsculo pedazo de madera apenas enterrado unos centímetros en el suelo. Y, aunque la cadena era gruesa y poderosa, me parecía obvio que un animal capaz de arrancar un árbol de cuajo con su fuerza, podría liberarse con facilidad de la estaca y huir.

El misterio sigue pareciéndome evidente.

¿Qué lo sujeta entonces?

¿Por qué no huye?

Cuando tenía cinco o seis años, yo todavía confiaba en la sabiduría de los mayores. Pregunté entonces a un maestro, un padre o un tío por el misterio del elefante. Alguno de ellos me explicó que el elefante no se escapaba porque estaba amaestrado.

Hice entonces la pregunta obvia: «Si está amaestrado, ¿por qué lo encadenan?».

No recuerdo haber recibido ninguna respuesta coherente. Con el tiempo, olvidé el misterio del elefante y la estaca, y sólo lo recordaba cuando me encontraba con otros que también se habían hecho esa pregunta alguna vez.

Hace algunos años, descubrí que, por suerte para mí, alguien había sido lo suficientemente sabio como para encontrar la respuesta:

El elefante del circo no escapa porque ha estado atado a una estaca parecida desde que era muy, muy pequeño.

Cerré los ojos e imaginé al indefenso elefante recién nacido sujeto a la estaca. Estoy seguro de que, en aquel momento, el elefantito empujó, tiró y sudó tratando de soltarse. Y, a pesar de sus esfuerzos, no lo consiguió, porque aquella estaca era demasiado dura para él.

Imaginé que se dormía agotado y que al día siguiente lo volvía a intentar, y al otro día, y al otro... Hasta que, un día, un día terrible para su historia, el animal aceptó su impotencia y se resignó a su destino.

Ese elefante enorme y poderoso que vemos en el circo no escapa porque, pobre, cree que no puede.

Tiene grabado el recuerdo de la impotencia que sintió poco después de nacer.

Y lo peor es que jamás se ha vuelto a cuestionar seriamente ese recuerdo.

Jamás, jamás intentó volver a poner a prueba su fuerza...

—Así es, Demián. Todos somos un poco como el elefante del circo: vamos por el mundo atados a cientos de estacas que nos restan libertad.

Vivimos pensando que «no podemos» hacer montones de cosas, simplemente porque una vez, hace tiempo, cuando éramos pequeños, lo intentamos y no lo conseguimos.

Hicimos entonces lo mismo que el elefante, y grabamos en nuestra memoria este mensaje: No puedo, no puedo y nunca podré.

Hemos crecido llevando ese mensaje que nos impusimos a nosotros mismos y por eso nunca más volvimos a intentar liberarnos de la estaca.

Cuando, a veces, sentimos los grilletes y hacemos sonar las cadenas, miramos de reojo la estaca y pensamos:

> No puedo y nunca podré.

Jorge hizo una larga pausa. Luego se acercó, se sentó en el suelo frente a mí y siguió:

—Esto es lo que te pasa, Demi. Vives condicionado por el recuerdo de un Demián, que ya no existe, que no pudo.

Tu única manera de saber si puedes conseguirlo es intentarlo de nuevo poniendo en ello todo tu corazón... ¡Todo tu corazón!

FACTOR COMÚN

La primera vez que fui al consultorio de Jorge, sabía que no iba a ver a un psicoterapeuta convencional. Claudia, que me lo había recomendado, me advirtió que «el Gordo», como ella lo llamaba, era un tipo «un poco especial» (sic).

Yo ya estaba harto de las terapias convencionales y, sobre todo, de aburrirme durante meses en el diván de un psicoanalista. Así que llamé y le pedí hora.

Mi primera impresión superó todas las expectativas. Era una calurosa tarde de noviembre.* Yo había llegado cinco minutos antes y esperaba en el portal del edificio hasta que fuera la hora exacta.

A las cuatro y media en punto llamé al timbre. Sonó el portero electrónico, empujé la puerta y subí al noveno piso.

Esperé en el pasillo.

Esperé.

¡Y esperé!

---

* En Argentina, donde transcurre la acción del relato, la primavera empieza en septiembre y acaba en noviembre. (Nota de la editora.)

Y cuando me cansé de esperar, llamé al timbre del apartamento.

Me abrió la puerta un tipo que a primera vista parecía vestido para irse de picnic: llevaba vaqueros, zapatillas de tenis y una camiseta de color naranja chillón.

—Hola —me dijo. Su sonrisa, debo confesar, me tranquilizó.

—Hola —contesté—. Soy Demián.

—Sí, claro. ¿Qué te ha pasado? ¿Por qué has tardado tanto en llegar hasta arriba? ¿Te has perdido?

—No, no es que haya tardado. No he querido llamar al timbre para no molestar, por si estaba atendiendo a alguien...

—¿Para «no molestar»? —me imitó, moviendo preocupado la cabeza... Y hablando como para sí prosiguió—. Así te deben ir a ti las cosas...

Me quedé mudo.

Era la segunda frase que me decía y, sin duda, estaba diciéndome algo que era cierto pero...

¡Qué hijo de puta!

El lugar donde Jorge atendía a sus pacientes, y al que no me atrevería a llamar «consultorio», era igual que él: informal, desarreglado, desordenado, cálido, colorido, sorprendente y, para qué negarlo, un poco sucio. Nos sentamos en dos sillones, uno frente al otro y, mientras yo le contaba algunas cosas, Jorge tomaba mate. Sí, ¡tomaba mate durante la sesión!

Me ofreció uno:

—Bueno —le dije.

—Bueno ¿qué?

—Bueno, el mate...

—No entiendo.

—Que te voy a aceptar un mate.

Jorge me hizo una servil y burlona reverencia y me dijo:

—Gracias, majestad, por aceptarme un mate... ¿Por qué no me dices si quieres un mate o no, en lugar de hacerme favores?

Ese hombre me iba a volver loco.

—¡Sí! —dije.

Y entonces sí, el gordo me dio un mate.

Decidí quedarme un poco más.

Le conté entre mil cosas que algo debía funcionar mal en mí, porque tenía dificultades en mis relaciones con la gente.

Jorge me preguntó cómo sabía yo que el problema era mío.

Le contesté que tenía dificultades en casa con mi padre, con mi madre, con mi hermano, con mi pareja... Y que, por lo tanto, obviamente, el problema debía de ser yo. Entonces, por primera vez, Jorge me contó «algo».

Después, con el tiempo, aprendería que al gordo le gustaban las fábulas, las parábolas, los cuentos, las frases inteligentes y las metáforas logradas. Según él, la única manera de comprender un hecho sin vivirlo directamente, es teniendo una clara representación simbólica interior del suceso.

—Una fábula, un cuento o una anécdota —afirmaba Jorge— puede ser cien veces más recordada que mil explicaciones teóricas, interpretaciones psicoanalíticas o planteamientos formales.

Ese día, Jorge me dijo que podía haber algo desacompasado en mí, pero añadió que mi deducción era peligrosa, porque mi conclusión autoacusadora no estaba apoyada en hechos que la confirmaran. Entonces me relató una de esas historias que él contaba en primera persona y que nunca se sabía si eran parte de su vida o de su fantasía:

Mi abuelo era bastante borrachín.
Lo que más le gustaba beber era anís turco.
Bebía anís y le añadía agua, para rebajarlo,
pero se emborrachaba igual.
Entonces bebía whisky con agua y se emborrachaba.
Y bebía vino con agua y se emborrachaba.
Hasta que un día decidió curarse...
y dejó... ¡el agua!

La teta o la leche

Jorge no contaba cuentos en todas las sesiones pero, por alguna razón, tengo muy presentes casi todos los relatos que me contó en el año y medio de terapia con él. Quizás estaba en lo cierto al afirmar que esa era la mejor manera de recorrer un aprendizaje.

Recuerdo el día en que le dije que me sentía muy dependiente. Le conté cuánto me molestaba y cómo a la vez no podía prescindir de lo que recibía de él en cada sesión. Tenía la sensación de que la admiración y el amor que sentía hacia Jorge hacían que estuviera excesivamente pendiente de su mirada y me estaban ligando demasiado a la terapia.

> Tienes hambre de saber
> hambre de crecer
> hambre de conocer
> hambre de volar...
> Puede ser que hoy
> yo sea la teta
> que da la leche
> que aplaca tu hambre...

Me parece fantástico que hoy
quieras esta teta.
Pero no olvides esto:
no es la teta la que te alimenta...
¡Es la leche!

El ladrillo boomerang

Aquel día yo estaba muy enfadado. Estaba de malhumor y todo me molestaba. Mi actitud en el consultorio fue quejosa y poco productiva. Odiaba todo lo que estaba haciendo y todo lo que tenía. Pero, sobre todo, estaba enojado conmigo mismo. Como en un cuento de Papini que me leyó Jorge, aquel día yo sentía que no podía soportar «ser yo mismo».

—Soy un estúpido —dije (o me dije a mí mismo)—. Un grandísimo imbécil... Creo que me odio.

—Te odia la mitad de la población de este consultorio. La otra mitad te va a contar un cuento.

Había una vez un hombre que iba por el mundo con un ladrillo en la mano. Había decidido que cada vez que alguien le molestara hasta hacerle rabiar, le daría un ladrillazo. El método era un poco troglodita, pero parecía efectivo, ¿no?

Sucedió que se cruzó con un amigo muy prepotente que le habló con malos modos. Fiel a su decisión, el hombre agarró el ladrillo y se lo tiró.

No recuerdo si le alcanzó o no. Pero el caso es que después, tener que ir a buscar el ladrillo le pareció incómodo. Decidió entonces mejorar el «Sistema de Autopreservación del Ladrillo», como él lo llamaba. Ató al ladrillo un cordel de un metro y salió a la calle. Esto permitía que el ladrillo nunca se alejara demasiado, pero pronto comprobó que el nuevo método también tenía sus problemas: por un lado, la persona destinataria de su hostilidad tenía que estar a menos de un metro y, por otro, después de arrojar el ladrillo tenía que tomarse el trabajo de recoger el hilo que, además, muchas veces se liaba y enredaba, con la consiguiente incomodidad.

Entonces el hombre inventó el «Sistema Ladrillo III». El protagonista seguía siendo el mismo ladrillo pero, este sistema, en lugar de un cordel llevaba un resorte. Ahora el ladrillo podía lanzarse una y otra vez y regresaría solo, pensó el hombre.

Al salir a la calle y recibir la primera agresión, tiró el ladrillo. Erró, y no pegó en su objetivo porque, al actuar el resorte, el ladrillo regresó y fue a dar justo en la cabeza del hombre.

Lo volvió a intentar, y se dio un segundo ladrillazo por medir mal la distancia.

El tercero, por arrojar el ladrillo a destiempo.

El cuarto fue muy particular porque, tras decidir dar un ladrillazo a una víctima, quiso protegerla al mismo tiempo de su agresión, y el ladrillo fue a dar de nuevo en su cabeza.

El chichón que se hizo era enorme...

Nunca se supo por qué no llegó a pegar jamás un ladrillazo a nadie: si por los golpes recibidos o por alguna deformación de su ánimo.

Todos los golpes fueron siempre para él mismo.

—Este mecanismo se llama retroflexión: básicamente consiste en proteger a los demás de nuestra propia agresividad. Cada vez que lo hacemos, nuestra energía agresiva y hostil se detiene antes de llegar al otro por medio de una barrera que nos imponemos nosotros mismos. Esta barrera no absorbe el impacto, sino que simplemente lo refleja. Y todo ese enfado, ese malhumor, esa agresión se vuelve contra nosotros mismos a través de conductas reales de autoagresión (autolesionarse, darse atracones de comida, consumir drogas, correr riesgos inútiles) y, otras veces, mediante emociones o sentimientos disimulados (depresión, culpa, somatización).

Es muy probable que un utópico ser humano «iluminado», lúcido y sólido jamás se enojara. Nos resultaría muy útil no enfadarnos nunca, sin embargo, una vez sentimos la rabia, la ira o el fastidio, la única manera de librarse de ellos es sacándolos fuera transformados en acción. De lo contrario, lo único que conseguimos, más tarde o más temprano, es enfadarnos con nosotros mismos.

El verdadero valor del anillo

Habíamos estado hablando sobre la necesidad de obtener reconocimiento y valoración por parte de los demás. Jorge me había explicado la teoría de Maslow sobre las necesidades crecientes.

Todos necesitamos el respeto y la estima de los demás para poder construir nuestra autoestima. En aquella época, yo me quejaba por no recibir una sincera aceptación por parte de mis padres, por no ser el compañero elegido de mis amigos, por no poder lograr el reconocimiento en mi trabajo.

—Hay una vieja historia —dijo el gordo mientras me pasaba el mate para que yo lo preparara— de un joven que acudió a un sabio en busca de ayuda. Tu problema me recuerda al suyo.

—Vengo, maestro, porque me siento tan poca cosa que no tengo ganas de hacer nada. Me dicen que no sirvo, que no hago nada bien, que soy torpe y bastante tonto. ¿Cómo puedo mejorar? ¿Qué puedo hacer para que me valoren más?

El maestro, sin mirarlo, le dijo: «Cuánto lo siento, muchacho. No puedo ayudarte, ya que debo resolver primero mi propio problema. Quizá después...». Y, haciendo una pausa, agregó: «Si quisieras ayudarme tú a mí, yo podría resolver este tema con más rapidez y después tal vez te pueda ayudar».

—E... encantado, maestro —titubeó el joven, sintiendo que de nuevo era desvalorizado y sus necesidades postergadas.

—Bien —continuó el maestro. Se quitó un anillo que llevaba en el dedo meñique de la mano izquierda y, dándoselo al muchacho, añadió—: Toma el caballo que está ahí fuera y cabalga hasta el mercado. Debo vender este anillo porque tengo que pagar una deuda. Es necesario que obtengas por él la mayor suma posible, y no aceptes menos de una moneda de oro. Vete y regresa con esa moneda lo más rápido que puedas.

El joven tomó el anillo y partió. Apenas llegó al mercado, empezó a ofrecer el anillo a los mercaderes, que lo miraban con algo de interés hasta que el joven decía lo que pedía por él.

Cuando el muchacho mencionaba la moneda de oro, algunos reían, otros le giraban la cara y tan sólo un anciano fue lo bastante amable como para tomarse la molestia de explicarle que una moneda de oro era demasiado valiosa como para entregarla a cambio de un anillo. Con afán de ayudar, alguien le ofreció una moneda de plata y un recipiente de cobre, pero el joven tenía instrucciones de no aceptar menos de una moneda de oro y rechazó la oferta.

Después de ofrecer la joya a todas las personas que se cruzaron con él en el mercado, que fueron más de cien, y abatido por su fracaso, montó en su caballo y regresó.

Cuánto hubiera deseado el joven tener una moneda de oro para entregársela al maestro y liberarlo de su preocupación, para poder recibir al fin su consejo y ayuda.

Entró en la habitación.

—Maestro —dijo—, lo siento. No es posible conseguir lo

que me pides. Quizás hubiera podido conseguir dos o tres monedas de plata, pero no creo que yo pueda engañar a nadie respecto del verdadero valor del anillo.

—Eso que has dicho es muy importante, joven amigo —contestó sonriente el maestro—. Debemos conocer primero el verdadero valor del anillo. Vuelve a montar tu caballo y ve a ver al joyero. ¿Quién mejor que él puede saberlo? Dile que desearías vender el anillo y pregúntale cuánto te da por él. Pero no importa lo que te ofrezca: no se lo vendas. Vuelve aquí con mi anillo.

El joven volvió a cabalgar.

El joyero examinó el anillo a la luz del candil, lo miró con su lupa, lo pesó y luego le dijo al chico:

—Dile al maestro, muchacho, que si lo quiere vender ya mismo, no puedo darle más de cincuenta y ocho monedas de oro por su anillo.

—¿Cincuenta y ocho monedas? —exclamó el joven.

—Sí —replicó el joyero—. Yo sé que con tiempo podríamos obtener por él cerca de setenta monedas, pero si la venta es urgente...

El joven corrió emocionado a casa del maestro a contarle lo sucedido.

—Siéntate —dijo el maestro después de escucharlo—. Tú eres como ese anillo: una joya, valiosa y única. Y como tal, sólo puede evaluarte un verdadero experto. ¿Por qué vas por la vida pretendiendo que cualquiera descubra tu verdadero valor?

Y, diciendo esto, volvió a ponerse el anillo en el dedo meñique de su mano izquierda.

EL REY CICLOTÍMICO

Cuando empecé a hablar, me percaté de lo acelerado que estaba. Me sentía eufórico. A medida que hablaba con Jorge, me iba dando cuenta de todas las cosas que había hecho durante la semana.

Como otras veces, me sentía como un Supermán triunfal, un enamorado de la vida. Le estaba contando al gordo mis planes para los próximos días y me sentía lleno de fuerza y energía.

El gordo sonrió alegre y con aire de complicidad.

Como siempre, tenía la sensación de que aquel hombre me acompañaba en mis estados de ánimo, fuesen cuales fuesen. Compartir aquella alegría con Jorge era una razón más para estar feliz. Todo me salía bien y seguía haciendo planes. No iba a tener suficiente con dos vidas para hacer todo lo que pretendía emprender.

—¿Te cuento un cuento? —dijo.

Reconozco que me costó un esfuerzo, pero me callé.

Había una vez un rey muy poderoso que reinaba en un país muy lejano. Era un buen rey, pero tenía un problema: era un rey con dos personalidades.

Había días en que se levantaba exultante, eufórico, feliz.

Ya desde la mañana, esos días parecían maravillosos. Los jardines de su palacio parecían más bellos. Sus sirvientes, por algún extraño fenómeno, se volvían amables y eficientes.

Durante el desayuno confirmaba que en su reino se fabricaban las mejores harinas y se cosechaban los mejores frutos.

En esos días, el rey rebajaba los impuestos, repartía riquezas, concedía favores y legislaba por la paz y por el bienestar de los ancianos. Durante esos días, el rey accedía a todas las peticiones de sus súbditos y amigos.

Sin embargo, existían también otros días.

Eran días negros. Desde la mañana se daba cuenta que hubiera preferido dormir un poco más. Pero cuando se percataba, ya era demasiado tarde y el sueño lo había abandonado.

Por muchos esfuerzos que hiciera, no podía comprender por qué sus sirvientes estaban de tan mal humor y ni siquiera le atendían bien. El sol le molestaba todavía más que las lluvias. La comida estaba tibia y el café demasiado frío. La idea de recibir visitas en su despacho aumentaba su dolor de cabeza.

Durante esos días, el rey pensaba en los compromisos contraídos en otros tiempos y se asustaba al pensar en cómo cumplirlos. Esos eran los días en que el rey aumentaba los impuestos, incautaba tierras, apresaba a sus opositores...

Temeroso del presente y del futuro, perseguido por los errores del pasado, en esos días legislaba contra su pueblo y la palabra que más utilizaba era «no».

Consciente de los problemas que estos cambios de humor le ocasionaban, el rey llamó a todos los sabios, magos y consejeros de su reino a una reunión.

—Señores —les dijo—. Todos ustedes conocen mis cambios de ánimo. Todos se han beneficiado de mis euforias y han padecido mis enojos. Pero el que más sufre soy yo mismo, porque cada día debo deshacer lo que hice en otro tiempo, cuando veía las cosas de otra manera.

Necesito, señores, que trabajéis juntos para conseguir el remedio, sea brebaje o conjuro, que me impida ser tan absurdamente optimista como para no ser consciente de los riesgos y tan ridículamente pesimista como para oprimir y dañar a los que quiero.

Los sabios aceptaron el reto y, durante varias semanas, trabajaron en el problema del rey. Sin embargo, ninguna alquimia, ningún hechizo y ninguna hierba consiguió encontrar la respuesta al asunto planteado.

Entonces, los consejeros se presentaron ante el rey y le confesaron su fracaso.

Esa noche el rey lloró.

A la mañana siguiente, un extraño visitante le pidió audiencia. Era un misterioso hombre de tez oscura vestido con una raída túnica que en algún momento había sido blanca.

—Majestad —dijo el hombre haciendo una reverencia—. En el lugar de donde vengo se habla de tus males y de tu dolor. He venido a traerte el remedio.

Y bajando la cabeza, acercó al rey una cajita de cuero.

El rey, entre sorprendido y esperanzado, la abrió y buscó dentro de la caja. Dentro sólo había un anillo plateado.

—Gracias —dijo el rey entusiasmado—. ¿Es un anillo mágico?

—Ciertamente lo es —respondió el viajero—, pero su magia no actúa sólo por llevarlo en el dedo...

Todas las mañanas, en cuanto te levantes, deberás leer la inscripción que lleva el anillo, y recordar esas palabras cada vez que veas el anillo en tu dedo.

El rey tomó el anillo y leyó en voz alta:

«Debes saber que esto también pasará».

Las ranitas en la nata

Yo estaba en época de exámenes. Me había presentado a dos finales y un parcial. La fecha de mi siguiente examen era dentro de una semana y tenía mucho que estudiar.

—No voy a llegar —le dije a Jorge—. Es inútil seguir poniendo energía en una causa perdida. Creo que lo mejor será presentarme con lo que llevo aprendido. Así, por lo menos, si me catean no habré desperdiciado toda la semana estudiando.

—¿Conoces el cuento de las dos ranitas? —preguntó el gordo.

Había una vez dos ranas que cayeron en un recipiente de nata.

Inmediatamente se dieron cuenta de que se hundían: era imposible nadar o flotar demasiado tiempo en esa masa espesa como arenas movedizas. Al principio, las dos ranas patalearon en la nata para llegar al borde del recipiente. Pero era inútil; sólo conseguían chapotear en el mismo lugar y hundirse. Sentían que cada vez era más difícil salir a la superficie y respirar.

Una de ellas dijo en voz alta: «No puedo más. Es imposible

salir de aquí. En esta materia no se puede nadar. Ya que voy a morir, no veo por qué prolongar este sufrimiento. No entiendo qué sentido tiene morir agotada por un esfuerzo estéril».

Dicho esto, dejó de patalear y se hundió con rapidez, siendo literalmente tragada por el espeso líquido blanco.

La otra rana, más persistente o quizá más tozuda se dijo: «¡No hay manera! Nada se puede hacer para avanzar en esta cosa. Sin embargo, aunque se acerque la muerte, prefiero luchar hasta mi último aliento. No quiero morir ni un segundo antes de que llegue mi hora».

Siguió pataleando y chapoteando siempre en el mismo lugar, sin avanzar ni un centímetro, durante horas y horas.

Y de pronto, de tanto patalear y batir las ancas, agitar y patalear, la nata se convirtió en mantequilla.

Sorprendida, la rana dio un salto y, patinando, llegó hasta el borde del recipiente. Desde allí, pudo regresar a casa croando alegremente.

El hombre que se creía muerto

Recuerdo que me había quedado pensando en el cuento de las dos ranitas.

—Es como aquella poesía de Almafuerte —comenté—. No te des por vencido ni aún vencido.

—Puede ser —dijo el gordo—. Pero en este caso creo que es más algo como «no te des por vencido antes de ser vencido». O si quieres: «no te declares perdedor antes de que llegue el momento de la evaluación final». Porque...

Y ya que estábamos, me contó otro cuento.

Había una vez un hombre muy aprensivo respecto de sus propias enfermedades y, sobre todo, muy temeroso del día en que le llegara la muerte.

Un día, entre tantas ideas locas, se le ocurrió pensar que a lo mejor ya estaba muerto. Entonces le preguntó a su mujer: «Dime, mujer. ¿No estaré muerto?».

La mujer rió y le dijo que se tocara las manos y los pies.

—¿Ves? ¡Están tibios! Bien, eso quiere decir que estás vivo. Si estuvieras muerto, tus manos y tus pies estarían helados.

Al hombre le pareció muy razonable la respuesta y se tranquilizó.

Pocas semanas después, un día en que estaba nevando, el hombre fue al bosque a cortar leña. Cuando llegó al bosque, se quitó los guantes y empezó a cortar troncos con un hacha.

Sin pensarlo, se pasó la mano por la frente y notó que estaba fría. Acordándose de lo que le había dicho su esposa, se quitó los zapatos y los calcetines y confirmó con horror que sus pies también estaban helados.

En ese momento no le quedó ya ninguna duda: se «dio cuenta» de que estaba muerto.

—No es bueno que un muerto ande por ahí cortando leña —se dijo. Así que dejó el hacha junto a su mula y se tendió quieto en el suelo helado, con las manos cruzadas sobre el pecho y los ojos cerrados.

Al poco de estar tendido en el suelo, una jauría de perros se acercó a las alforjas donde se hallaban las provisiones. Al ver que nada los detenía, destrozaron las alforjas y devoraron todo lo que había comestible en ellas. El hombre pensó: «Suerte tienen de que estoy muerto. Si no, yo mismo los echaba a patadas».

La jauría siguió husmeando y descubrió a la mula atada a un árbol, fácil presa para los afilados dientes de los perros. La mula chilló y coceó, pero el hombre sólo pensaba en cómo le hubiera gustado defenderla, si no fuera porque él estaba muerto.

En pocos minutos dieron buena cuenta de la mula, y tan sólo algunos perros seguían royendo los huesos.

La jauría, insaciable, siguió rondando el lugar.

No pasó mucho tiempo hasta que uno de los perros percibió el olor del hombre. Miró a su alrededor y vio al leñador tendido inmóvil sobre el suelo. Se acercó lentamente, muy lentamente, porque para él los hombres eran seres muy peligrosos y traicioneros.

En pocos instantes, todos los perros rodearon al hombre con sus fauces babeantes.

—Ahora me van a comer —pensó el hombre—. Si no estuviera muerto, otra sería la historia.

Los perros se acercaron...

... y viendo su inmovilidad, se lo comieron.

El portero del prostíbulo

Estaba a mitad de carrera y, como otros muchos estudiantes, de repente empecé a replantearme mi decisión de estudiar. Hablé de ello con mi terapeuta. Me daba cuenta de que yo mismo me presionaba y me forzaba para seguir estudiando.

—Ese es el problema —dijo el gordo—. Mientras sigas creyendo que «tienes que» estudiar y licenciarte, no hay posibilidad de que lo hagas con placer. Y mientras no exista al menos un poco de placer, algunas partes de tu personalidad te jugarán malas pasadas.

Jorge repetía hasta la saciedad que no creía en el esfuerzo. Decía que no hay nada útil que pueda conseguirse con esfuerzo. Sin embargo, en este caso, yo creo que se equivocaba. Por lo menos sería la excepción que confirmara la regla.

—Pero, Jorge, yo no puedo dejar de estudiar —dije—. No creo que en el mundo en el que me va a tocar vivir llegue a ser alguien si no tengo un título. De algún modo, una carrera es una garantía.

—Puede ser —dijo el gordo—. ¿Sabes qué es el Talmud?

—Sí.

—Hay un cuento en el Talmud que trata sobre un hombre común. Se trataba del portero de un prostíbulo.

No había en aquel pueblo un oficio peor visto y peor pagado que el de portero del prostíbulo... Pero, ¿qué otra cosa podía hacer aquel hombre?

De hecho, nunca había aprendido a leer ni a escribir, no tenía ninguna otra actividad ni oficio. En realidad, era su puesto porque su padre había sido el portero de ese prostíbulo antes que él, y antes que él, el padre de su padre.

Durante décadas, el prostíbulo había pasado de padres a hijos y la portería también.

Un día, el viejo propietario murió y un joven con inquietudes, creativo y emprendedor, se hizo cargo del prostíbulo. El joven decidió modernizar el negocio.

Modificó las habitaciones y después citó al personal para darles nuevas instrucciones.

Al portero le dijo: «A partir de hoy, usted, además de estar en la puerta, me va a preparar un informe semanal. Allí anotará la cantidad de parejas que entran cada día. A una de cada cinco, les preguntará cómo fueron atendidas y qué corregirían del lugar. Y una vez por semana, me presentará ese informe con los comentarios que usted crea convenientes».

El hombre tembló. Nunca le había faltado predisposición para trabajar, pero...

—Me encantaría satisfacerle, señor —balbuceó—, pero yo... no sé leer ni escribir.

—¡Ah! ¡Cuánto lo siento! Como usted comprenderá, yo no

puedo pagar a otra persona para que haga esto y tampoco puedo esperar a que usted aprenda a escribir, por lo tanto...

—Pero, señor, usted no me puede despedir. He trabajado en esto toda mi vida, al igual que mi padre y mi abuelo...

No lo dejó terminar.

—Mire, yo lo comprendo, pero no puedo hacer nada por usted. Lógicamente le daremos una indemnización, es decir, una cantidad de dinero para que pueda subsistir hasta que encuentre otro trabajo. Así que lo siento. Que tenga suerte.

Y, sin más, dio media vuelta y se fue.

El hombre sintió que el mundo se derrumbaba. Nunca había pensado que podría llegar a encontrarse en esa situación. Llegó a su casa, desocupado por primera vez en su vida. ¿Qué podía hacer?

Recordó que a veces, en el prostíbulo, cuando se rompía una cama o se estropeaba la pata de un armario, se las ingeniaba para hacer un arreglo sencillo y provisional con un martillo y unos clavos. Pensó que esta podía ser una ocupación transitoria hasta que alguien le ofreciera un empleo.

Buscó por toda la casa las herramientas que necesitaba, y sólo encontró unos clavos oxidados y una tenaza mellada. Tenía que comprar una caja de herramientas completa y, para eso, usaría una parte del dinero que había recibido.

En la esquina de su casa se enteró de que en su pueblo no había ninguna ferretería, y que tendría que viajar dos días en mula para ir al pueblo más cercano a realizar la compra. «¿Qué más da?», pensó. Y emprendió la marcha.

A su regreso, llevaba una hermosa y completa caja de herramientas. No había terminado de quitarse las botas cuando llamaron a la puerta de su casa; era su vecino.

—Venía a preguntarle si no tendría un martillo que prestarme.

—Mire, sí, lo acabo de comprar pero lo necesito para trabajar... Como me he quedado sin empleo...

—Bueno, pero yo se lo devolvería mañana muy temprano.

—Está bien.

A la mañana siguiente, tal como había prometido, el vecino llamó a su puerta.

—Mire, todavía necesito el martillo. ¿Por qué no me lo vende?

—No, yo lo necesito para trabajar y, además, la ferretería está a dos días de mula.

—Hagamos un trato —dijo el vecino—. Yo le pagaré a usted los dos días de ida y los dos de vuelta, más el precio del martillo. Total, usted está sin trabajo. ¿Qué le parece?

Realmente, esto le daba trabajo durante cuatro días...

Aceptó.

A su regreso, otro vecino lo esperaba a la puerta de su casa.

—Hola, vecino. ¿Usted le vendió un martillo a nuestro amigo?

—Sí...

—Yo necesito unas herramientas. Estoy dispuesto a pagarle sus cuatro días de viaje y una pequeña ganancia por cada una de ellas. Ya sabe: no todos disponemos de cuatro días para hacer nuestras compras.

El ex-portero abrió su caja de herramientas y su vecino eligió una pinza, un destornillador, un martillo y un cincel. Le pagó y se fue.

«...No todos disponemos de cuatro días para hacer nuestras compras», recordaba.

Si esto era cierto, mucha gente podría necesitar que él viajara para traer herramientas.

En el siguiente viaje decidió que arriesgaría algo del dinero de la indemnización trayendo más herramientas de las que había vendido. De paso, podría ahorrar tiempo en viajes.

Empezó a correrse la voz por el barrio y muchos vecinos decidieron dejar de viajar para hacer sus compras.

Una vez por semana, el ahora vendedor de herramientas viajaba y compraba lo que necesitaban sus clientes. Pronto se dio cuenta de que si encontraba un lugar donde almacenar las herramientas, podía ahorrar más viajes y ganar más dinero. Así que alquiló un local.

Después amplió la entrada del almacén y unas semanas más tarde añadió un escaparate, de manera que el local se transformó en la primera ferretería del pueblo.

Todos estaban contentos y compraban en su tienda. Ya no tenía que viajar, porque la ferretería del pueblo vecino le enviaba sus pedidos: era un buen cliente.

Con el tiempo, todos los compradores de pueblos pequeños más alejados prefirieron comprar en su ferretería y ahorrar dos días de viaje.

Un día, se le ocurrió que su amigo, el tornero, podía fabricar para él las cabezas de los martillos. Y después... ¿Por qué no? También las tenazas, las pinzas y los cinceles. Después vinieron los clavos y los tornillos...

Para no alargar demasiado el cuento, te diré que en diez años aquel hombre se convirtió en un millonario fabricante de herramientas, a base de honestidad y trabajo. Y acabó siendo el empresario más poderoso de la región.

Tan poderoso era que, un día, con motivo del inicio del año escolar, decidió donar a su pueblo una escuela. Además de leer y escribir, allí se enseñarían las artes y los oficios más prácticos de la época.

El intendente y el alcalde organizaron una gran fiesta de inauguración de la escuela y una importante cena de homenaje para su fundador.

A los postres, el alcalde le entregó las llaves de la ciudad y el intendente lo abrazó y le dijo: «Es con gran orgullo y gratitud que le pedimos que nos conceda el honor de poner su firma en la primera página del libro de actas de la nueva escuela».

—El honor sería para mí —dijo el hombre—. Creo que nada me gustaría más que firmar allí, pero no sé leer ni escribir. Soy analfabeto.

—¿Usted? —dijo el intendente, que no alcanzaba a creerlo—. ¿Usted no sabe leer ni escribir? ¿Usted construyó un imperio industrial sin saber leer ni escribir? Estoy asombrado. Me pregunto qué hubiera hecho si hubiera sabido leer y escribir.

—Yo se lo puedo contestar —respondió el hombre con calma—. Si yo hubiera sabido leer y escribir... ¡sería portero del prostíbulo!

Dos números menos

Aquella tarde llevaba un tema preparado: quería seguir hablando sobre el esfuerzo.

Cuando lo hablamos en el consultorio, me pareció bastante razonable. Pero a la hora de poner en práctica lo aprendido, me resultaba imposible ser coherente con lo que en teoría sonaba tan deseable.

—Tengo la sensación de que, definitivamente, no puedo vivir sin hacer, al menos de vez en cuando, algunos esfuerzos. Es más, la verdad: me parece imposible que alguien, cualquiera, consiga hacerlo.

—En algo tienes razón —me dijo el gordo—. Yo he pasado gran parte de mis últimos veinte años intentando ser fiel a mi ideología, y no siempre he tenido éxito. Creo que a todos les debe pasar lo mismo. La idea del no-esfuerzo es un desafío, una práctica, una disciplina. Y, como tal, requiere entrenamiento.

Al principio, a mí también me parecía imposible —siguió—. ¿Qué iban a pensar los demás de mí si no iba a aquella reunión? ¿Si no los escuchaba atentamente aunque me importara un bledo lo que tenían que decir?

¿Si no me mostraba agradecido con aquel hombre al que yo consideraba despreciable? ¿Si contestaba fácilmente que no a una petición que simplemente no tenía ganas de conceder? ¿Si me daba el lujo de trabajar cuatro días a la semana renunciando a ganar más dinero? ¿Si iba por el mundo sin haberme afeitado? ¿Si me negaba a dejar de fumar hasta que no pudiera hacerlo naturalmente? ¿Si...?

Alguna vez escribí que esta idea del esfuerzo necesario es una creación social que parte de una ideología determinada, de un sistema ideológico que, de hecho, es bastante severo con la imagen del hombre social. Está claro que, si el hombre es vago, malvado, egoísta y negligente, debe esforzarse por «mejorar». Pero, ¿será cierto que el hombre es así?

Yo escuchaba fascinado, no tanto por lo que Jorge decía, sino por mi propia imagen de lo que debía ser vivir relajadamente, sin pelearme conmigo mismo, tranquilo y sin prisas, sin volver a preguntarme a mí mismo: «¿Qué estoy haciendo aquí?».

Pero, ¿por dónde empezar?

—Primero —siguió Jorge, como si adivinara mis pensamientos—, antes que nada, es preciso desactivar una trampa que nos introdujeron cuando éramos muy pequeños. Esta trampa es una idea tan arraigada en nosotros, que forma parte de nuestra cultura explícita e implícitamente:

«sólo se valora lo que se consigue con esfuerzo».

Como dirían los estadounidenses, esto es *bull-shit* (estiércol de toro). Cualquiera puede darse cuenta con su propio sentido de la realidad de que esto no es cierto y, sin embargo, estructuramos nuestra vida como si fuera una verdad incuestionable.

Hace algunos años describí un síndrome clínico que, aunque no está registrado en los tratados médicos ni psicológicos, todos padecemos o hemos padecido alguna vez. Decidí llamarlo «el síndrome del zapato dos números más pequeño», y ahora verás por qué:

Un hombre entra en una zapatería, y un amable vendedor se le acerca:

—¿En qué puedo servirle, señor?

—Quisiera un par de zapatos negros como los del escaparate.

—Cómo no, señor. Veamos: el número que busca debe ser... el cuarenta y uno. ¿Verdad?

—No. Quiero un treinta y nueve, por favor.

—Disculpe, señor. Hace veinte años que trabajo en esto y su número debe ser un cuarenta y uno. Quizás un cuarenta, pero no un treinta y nueve.

—Un treinta y nueve, por favor.

—Disculpe, ¿me permite que le mida el pie?

—Mida lo que quiera, pero yo quiero un par de zapatos del treinta y nueve.

El vendedor saca del cajón ese extraño aparato que usan los vendedores de zapatos para medir pies y, con satisfacción, proclama: «¿Lo ve? Lo que yo decía: ¡un cuarenta y uno!».

—Dígame: ¿quién va a pagar los zapatos, usted o yo?

—Usted.

—Bien. Entonces, ¿me trae un treinta y nueve?

El vendedor, entre resignado y sorprendido, va a buscar el par de zapatos del número treinta y nueve. Por el camino se da cuenta de lo que ocurre: los zapatos no son para el hombre, sino que seguramente son para hacer un regalo.

—Señor, aquí los tiene: del treinta y nueve, y negros.

—¿Me da un calzador?

—¿Se los va a poner?

—Sí, claro.

—¿Son para usted?

—¡Sí! ¿Me trae un calzador?

El calzador es imprescindible para conseguir que ese pie entre en ese zapato. Después de varios intentos y de ridículas posiciones, el cliente consigue meter todo el pie dentro del zapato.

Entre ayes y gruñidos camina algunos pasos sobre la alfombra, con creciente dificultad.

—Está bien. Me los llevo.

Al vendedor le duelen sus propios pies sólo de imaginar los dedos del cliente aplastados dentro de los zapatos del treinta y nueve.

—¿Se los envuelvo?

—No, gracias. Me los llevo puestos.

El cliente sale de la tienda y camina, como puede, las tres manzanas que le separan de su trabajo. Trabaja como cajero en un banco.

A las cuatro de la tarde, después de haber pasado más de seis horas de pie dentro de esos zapatos, su cara está desencajada, tiene los ojos enrojecidos y las lágrimas caen copiosamente de sus ojos.

Su compañero de la caja de al lado lo ha estado observando toda la tarde y está preocupado por él.

—¿Qué te pasa? ¿Te encuentras mal?

—No. Son los zapatos.

—¿Qué les pasa a los zapatos?

—Me aprietan.

—¿Qué les ha pasado? ¿Se han mojado?

—No. Son dos números más pequeños que mi pie.

—¿De quién son?

—Míos.

—No te entiendo. ¿No te duelen los pies?

—Me están matando, los pies.

—¿Y entonces?

—Te explico —dice, tragando saliva—. Yo no vivo una vida de grandes satisfacciones. En realidad, en los últimos tiempos, tengo muy pocos momentos agradables.

—¿Y?

—Me estoy matando con estos zapatos. Sufro terriblemente, es cierto... Pero, dentro de unas horas, cuando llegue a mi casa y me los quite, ¿imaginas el placer que sentiré? ¡Qué placer, tío! ¡Qué placer!

—Parece una locura, ¿verdad? Lo es, Demián, lo es.

Esta es en gran medida nuestra pauta educativa. Yo creo que mi postura también es un extremo, sin embargo, vale la pena probarla como si fuera un traje, para ver cómo nos queda.

Yo creo que no hay nada verdaderamente valioso que se pueda obtener con esfuerzo.

Me fui pensando en su última frase, grosera y contundente:

—El esfuerzo... para el estreñimiento.

Carpintería «El Siete»

—Es que además de obtusas, hay personas que no se dejan ayudar —me quejé.

El gordo se acomodó y contó:

Era una pequeña casucha, casi un ranchito en las afueras de la ciudad. Delante tenía un pequeño taller con algunas máquinas y herramientas, dos habitaciones, una cocina y un rudimentario baño detrás...

Sin embargo, Joaquín no se quejaba. Durante los dos últimos años, el taller de carpintería «El Siete» se había hecho conocido en el pueblo y él ganaba suficiente dinero como para no tener que recurrir a sus escasos ahorros.

Esa mañana, como todas, se levantó a las seis y media para ver salir el sol. No obstante, no pudo llegar al lago. Por el camino, a unos doscientos metros de su casa, casi tropezó con el cuerpo herido y maltrecho de un joven.

Con rapidez, se arrodilló y acercó su oído al pecho del joven... Débilmente, allá en el fondo, un corazón luchaba por mantener lo que quedaba de vida en ese cuerpo sucio y maloliente por la sangre, la mugre y el alcohol.

Joaquín fue a buscar una carretilla sobre la que cargó al

joven. Al llegar a casa tendió el cuerpo sobre su cama, cortó las raídas ropas y lo lavó cuidadosamente con agua, jabón y alcohol.

El muchacho, además de estar borracho, había sido golpeado salvajemente. Tenía cortes en las manos y en la espalda, y su pierna derecha estaba fracturada.

Durante los dos días siguientes, toda la vida de Joaquín se centró en la salud de su obligado huésped: curó y vendó sus heridas, entablilló su pierna y alimentó al joven con pequeñas cucharadas de caldo de pollo.

Cuando el joven despertó, Joaquín estaba a su lado mirándolo con ternura y ansiedad.

—¿Cómo estás? —preguntó Joaquín.

—Bien... creo —respondió el joven mientras miraba su cuerpo aseado y curado—. ¿Quién me ha curado?

—Yo.

—¿Por qué?

—Porque estabas herido.

—¿Sólo por eso?

—No, también porque necesito un ayudante.

Y ambos rieron con ganas...

Bien comido, bien dormido y sin haber bebido alcohol, Manuel, que así se llamaba el joven, recuperó las fuerzas enseguida.

Joaquín intentaba enseñarle el oficio y Manuel intentaba rehuir el trabajo todo lo que podía. Una y otra vez, Joaquín intentaba inculcar en aquella cabeza deteriorada por la vida disoluta, las ventajas del buen trabajo, del buen nombre y de la vida honesta. Una y otra vez, Manuel parecía que le entendía y, dos horas o dos días después, volvía a quedarse dormido o se olvidaba de cumplir con la tarea que Joaquín le había encomendado.

Pasaron meses, y Manuel estaba completamente recupera-do. Joaquín había destinado a Manuel la habitación principal, una participación en el negocio y el primer turno en el baño, a cambio de la promesa del joven de dedicarse al trabajo.

Una noche, mientras Joaquín dormía, Manuel decidió que seis meses de abstinencia eran suficientes y creyó que una copa en el pueblo no le haría daño. Por si Joaquín se despertaba por la noche, cerró la puerta de su habitación desde dentro y salió por la ventana, dejando la vela encendida para que diera la impresión de que estaba allí.

A la primera copa siguió la segunda, y a ésta la tercera, y la cuarta, y otras muchas...

Cantaba con sus compañeros de borrachera, cuando pasaron los bomberos por la puerta del bar haciendo sonar la sirena. Manuel no asoció este hecho con lo que estaba pasando hasta que, de madrugada, tambaleándose, llegó a la casa y vio la muchedumbre reunida en la calle...

Sólo alguna pared, las máquinas y algunas herramientas se salvaron del incendio. Todo lo demás quedó destruido por el fuego. De Joaquín sólo encontraron cuatro o cinco huesos chamuscados que enterraron en el cementerio bajo una lápida donde Manuel hizo grabar el siguiente epitafio:

«¡Lo haré, Joaquín, lo haré!»

Con mucho trabajo, Manuel reconstruyó la carpintería. Él era vago, pero hábil, y lo que había aprendido de Joaquín le sirvió para llevar adelante aquel negocio.

Siempre tenía la sensación de que, desde algún lugar, Joaquín lo miraba y le animaba. Manuel lo recordaba en cada logro: su boda, el nacimiento de su primer hijo, la compra de su primer coche...

A quinientos kilómetros de allí, Joaquín, vivito y coleando, se preguntaba si era lícito mentir, engañar y prenderle fuego a aquella casa tan bonita sólo para salvar a un joven.

Se contestó que sí, y rió de sólo pensar en la policía del pueblo que había confundido huesos de cerdo con huesos humanos...

Su nueva carpintería era un poco más modesta que la anterior, pero ya era conocida en el pueblo. Se llamaba «El Ocho».

—A veces, Demián, la vida te pone difícil ayudar a un ser querido. No obstante, si existe una dificultad que vale la pena afrontar, es la de ayudar a otro. Esto no es un deber «moral»ni nada parecido. Es una elección de vida que cada uno puede hacer en su momento y en la dirección que desee.

Mi experiencia personal de vivencias y de observación me hace creer que el ser humano libre y que se conoce a sí mismo es generoso, solidario, amable y capaz de disfrutar por igual del dar y del recibir. Por lo tanto, cada vez que te encuentres con aquellos que se miran el ombligo, no los odies: ya bastantes problemas deben tener consigo mismos. Cada vez que te descubras en actitudes mezquinas, ruines o pequeñas, aprovecha para preguntarte qué te está pasando. Te garantizo que en algún lugar erraste el rumbo.

Una vez escribí:

Un neurótico no necesita
un terapeuta que le cure
ni un padre que le cuide.
Todo lo que necesita
es un maestro que le muestre
en qué punto del camino se perdió.

POSESIVIDAD

No sé muy bien por qué motivo, en un momento de mi vida me encontré en un camino angustioso y difícil.

Todo empezó con un ataque de celos por mi novia. Ella había preferido encontrarse con sus amigas del colegio y postergar su cita conmigo. Desde ese momento, empezaron a desfilar por mi cabeza las ideas y los sentimientos de pérdida, y el dolor que esto siempre me causaba.

Yo había hablado en la consulta terapéutica sobre la importancia de vivir las pérdidas como tales, pero en aquel momento me hallaba francamente disgustado.

—No entiendo por qué tengo que compartir a mi pareja con sus amigas, ni a mis amigos con sus parejas. Lo digo así para, al escucharme, darme cuenta de que es una tontería. Te pido que me ayudes. Cuando algo es mío, aunque sea troglodítico, como tú dices, siento que tengo derecho a cederlo o no, y durante el tiempo que yo quiera. Por eso es mío.

Jorge dejó la tetera y me contó:

Caminaba distraídamente por la calle cuando la vio: era una enorme y hermosa montaña de oro.

El sol le daba de lleno y al rozar su superficie reflejaba tornasoles multicolores, que la hacían parecer un objeto galáctico salido de una película de Steven Spielberg.

Se quedó un rato mirándola como hipnotizado.

—¿Tendrá dueño? —pensó.

Miró hacia todas partes, pero no vio a nadie a su alrededor.

Al final, se acercó y la tocó. Estaba tibia.

Pasando los dedos por su superficie, le pareció que su suavidad era la correspondencia táctil perfecta de su luminosidad y su belleza.

—La quiero para mí —pensó.

Muy suavemente, la levantó y comenzó a caminar con ella en brazos, hacia las afueras de la ciudad.

Fascinado, entró lentamente en el bosque y se dirigió a un claro.

Allí, bajo el sol de la tarde, la colocó con cuidado sobre la hierba y se sentó a contemplarla.

—Es la primera vez que tengo algo valioso para mí. Algo que es mío. ¡Sólo mío! —pensaron los dos a la vez.

—Cuando poseemos algo y nos esclavizamos dependiendo de ese algo, ¿quién tiene a quién, Demián?

¿Quién tiene a quién?

Torneo de canto

Me quedé pensando en algunas palabras de la sesión anterior.

Salí del consultorio y resonaban en mi cabeza: mezquino, ruin, egoísta, rumbo equivocado... Tenía un lío en mi cabeza, un embrollo indescifrable.

Llegué a la sesión con la «clara intención», como decía Jorge, de seguir hablando del tema.

—Jorge —dije—, tú siempre defiendes el egoísmo como una clara expresión de autoestima, del amor propio bien entendido... Pero la última vez hablaste sobre mezquindad y yo, que he adoptado tu estúpida costumbre de buscar en el diccionario las palabras que me resuenan, busqué, por supuesto, la palabra «mezquino».

—¿Y?

—Decía: «Avaro, miserable, desgraciado, pobre». Y, ¿qué quieres que te diga? A mí, de repente, me suena todo igual.

—Veamos —dijo el gordo, que había abierto el *Diccionario de la Real Academia*—. Aquí añade: «Necesitado, escaso, diminuto». Y dice además que la palabra es de origen árabe, ya que procede de la voz *miskin*, que significa «pobre».

—Quizás ahora lo podamos definir mejor —siguió—. «Mezquino» debe ser el que carece, o cree carecer, de lo más necesario. Es el que necesita lo que no tiene para dejar de ser diminuto; es el que se niega a dar porque todo lo quiere para él; es el pobre desgraciado infeliz que no puede ver más deseos que los suyos.

Jorge hizo un largo silencio buscando en su memoria, y yo me acomodé para escuchar lo que seguía.

Una vez, llegó a la selva un búho que había estado en cautiverio, y explicó a todos los demás animales las costumbres de los humanos.

Contaba, por ejemplo, que en las ciudades los hombres calificaban a los artistas por competencias, a fin de decidir quiénes eran los mejores en cada disciplina: pintura, dibujo, escultura, canto...

La idea de adoptar costumbres humanas prendió con fuerza entre los animales y quizá por ello se organizó de inmediato un concurso de canto, en el que se inscribieron rápidamente casi todos los presentes, desde el jilguero hasta el rinoceronte.

Guiados por el búho, que había aprendido en la ciudad, se decretó que el concurso se fallaría por voto secreto y universal de todos los concursantes que, de este modo, serían su propio jurado.

Así fue. Todos los animales, incluido el hombre, subieron al estrado y cantaron, recibiendo un mayor o menor aplauso de la audiencia. Después anotaron su voto en un papelito y lo colocaron, doblado, en una gran urna que estaba vigilada por el búho.

Cuando llegó el momento del recuento, el búho subió al improvisado escenario y, flanqueado por dos ancianos monos, abrió la urna para comenzar el recuento de los votos de aquel «transparente acto electoral», «gala del voto universal y secreto» y «ejemplo de vocación democrática», como había oído decir a los políticos de las ciudades.

Uno de los ancianos sacó el primer voto y, el búho, ante la emoción general, gritó: «¡el primer voto, hermanos, es para nuestro amigo el burro!».

Se produjo un silencio, seguido de algunos tímidos aplausos.

—Segundo voto: ¡el burro!

Desconcierto general.

—Tercero: ¡el burro!

Los concurrentes empezaron a mirarse unos a otros, sorprendidos al principio, con ojos acusadores después y, por último, al seguir apareciendo votos para el burro, cada vez más avergonzados y sintiéndose culpables por sus propios votos.

Todos sabían que no había peor canto que el desastroso rebuzno del equino. Sin embargo, uno tras otro, los votos lo elegían como el mejor de los cantantes.

Y así, sucedió que, terminado el escrutinio, quedó decidido por «libre elección del imparcial jurado», que el desigual y estridente grito del burro era el ganador.

Y fue declarado como «la mejor voz de la selva y alrededores».

El búho explicó después lo sucedido: cada concursante, considerándose a sí mismo el indudable vencedor, había dado su voto al menos cualificado de los concursantes, aquél que no podía representar amenaza alguna.

La votación fue casi unánime. Sólo dos votos no fueron para el burro: el del propio burro, que creía que no tenía nada que perder y había votado sinceramente por la calandria, y el del hombre que, cómo no, había votado por sí mismo.

—Y bien, Demián. Estas son las cosas que hace la mezquindad en nuestra sociedad. Cuando nos sentimos tan importantes que no hay espacio para otros, cuando nos creemos tan merecedores que no podemos ver más allá de nuestras narices, cuando nos imaginamos tan maravillosos que no concebimos otra posibilidad que no sea poseer lo deseado, entonces, muchas veces, la vanidad, la miseria, la estupidez y la cortedad nos vuelven mezquinos. No egoístas, Demián, sino mezquinos. ¡Mez-qui-nos!

¿Qué terapia es ésta?

Desde hacía tiempo, muchos de mis amigos me preguntaban qué tipo de terapia estaba haciendo. Estaban todos tan sorprendidos por algunas de las cosas que yo les contaba sobre el gordo y sobre lo que pasaba en el consultorio, que no podían encajar esta manera de trabajar con ningún modelo terapéutico que ellos conocieran. Y, para qué negarlo, con ninguno que yo hubiera conocido tampoco.

Así que, aquella tarde, cuando llegué, aprovechando que mis cosas estaban más o menos en calma, «cada una en su lugar», como decía el gordo, pregunté a Jorge qué terapia era aquella.

—¿Qué terapia es ésta? ¡Qué sé yo! ¿Será terapia esto? —me contestó el gordo.

«¡Mala suerte!», pensé. «El gordo está en uno de esos días herméticos en los que es inútil tratar de obtener ninguna respuesta.» Sin embargo, insistí.

—En serio. Quiero saber.

—¿Para qué?

—Para aprender.

—¿Y de qué te serviría aprender qué tipo de terapia es ésta?

—Ya no puedo escaparme de esto, ¿verdad? —dije, intuyendo lo que seguía.

—¿Escaparte? ¿Por qué quieres escaparte?

—Mira: me toca las narices no poder preguntarte nada. Cuando tú tienes ganas, te pasas con las explicaciones y, cuando no, es imposible conseguir que contestes una sola pregunta. ¡No es justo!

—¿Estás enfadado?

—¡Sí! ¡Estoy enfadado!

—¿Y qué vas a hacer con tu enfado? ¿Qué quieres hacer con la rabia que sientes? ¿Te la vas a llevar puesta?

—No, quiero gritar. ¡Me cago en su padre!

—Grita otra vez.

—¡Me cago en su padre!

—Otra vez, otra vez.

—¡¡Me cago en su padre!!

—Sigue. ¿A quién estás maldiciendo? ¡Sigue!

—¡Me cago en tu padre! ¡Gordo estúpido! ¡Me cago en tu padre!

El gordo me miró en silencio mientras yo recuperaba el aliento y retomaba poco a poco mi perdido ritmo respiratorio.

Pocos minutos después, abrió la boca:

—Este es el tipo de terapia que hacemos, Demián. Una terapia al servicio de comprender lo que te está pasando en cada momento. Una terapia destinada a abrir grietas en tus máscaras para dejar salir al verdadero Demián.

Una terapia, de alguna manera, única e indescriptible, porque está construida sobre las estructuras de dos personas únicas e indescriptibles: tú y yo. Dos personas

57

que han acordado, por ahora, prestar más atención al proceso de crecimiento de una de ellas: tú.

Una terapia que no cura a nadie, porque reconoce que sólo puede ayudar a algunas personas a que se curen a sí mismas. Una terapia que no intenta producir ninguna reacción, sino solamente actuar como un catalizador capaz de acelerar un proceso que, de todos modos, se hubiera producido, tarde o temprano, con o sin terapeuta.

Una terapia que, al menos con este terapeuta, se parece cada vez más a un proceso didáctico. Y, en fin, una terapia que da más importancia a sentir que a pensar, a hacer que a planificar, a ser que a tener, al presente que al pasado o el futuro.

—Esa es la cuestión: el presente —respondí—. Esa es la diferencia que creo que existe con mis terapias anteriores: el énfasis que pones en la situación actual. Todos los demás terapeutas que he conocido o de los que me han hablado están interesados en el pasado, en los motivos, en los orígenes del problema. Tú no te ocupas de todo eso. Si no sabes dónde empezaron a complicarse las cosas, ¿cómo puedes arreglarlas?

—Para acortar, voy a tener que alargar. A ver si te lo puedo explicar. En el universo terapéutico, y hasta donde yo sé, habitan más de doscientas cincuenta formas de terapia que se relacionan más o menos con otras tantas posturas filosóficas.

Estas escuelas son todas diferentes entre sí: en la ideología, en la forma o en el enfoque. Pero creo que todas apuntan a un mismo fin: mejorar la calidad de vida del paciente. Quizás en lo que no podemos ponernos de acuerdo es en lo que para cada terapeuta quiere decir «mejorar la calidad de vida». Pero... ¡en fin, sigamos!

Estas doscientas cincuenta escuelas se podrían agrupar en tres grandes líneas de pensamiento, según el acento que cada modelo psicoterapéutico ponga en su exploración de la problemática del paciente: en primer lugar, las escuelas que se centran en el pasado. En segundo lugar, las que se centran en el futuro. Y, por último, las que se centran en el presente.

La primera línea, lejos de ser la más poblada, incluye todas aquellas escuelas que parten, o funcionan como si partiesen, de la idea de que un neurótico es alguien que, una vez, hace tiempo, cuando era pequeño, tuvo un problema y, desde entonces, está pagando las consecuencias de aquella situación. El trabajo consiste, por lo tanto, en recuperar todos los recuerdos de la historia pretérita del paciente, hasta encontrar aquellas situaciones que ocasionaron su neurosis. Como estos recuerdos se encuentran, según los analistas, «reprimidos» en el inconsciente, la tarea es hurgar en su interior buscando los hechos que quedaron «sepultados».

El ejemplo más claro de este modelo es el psicoanálisis ortodoxo. Para identificar a estas escuelas, yo suelo decir que buscan el «por qué».

Muchos analistas, como yo los veo, creen que con sólo encontrar el motivo del síntoma, esto es, si el paciente descubre por qué hace lo que hace, si se hace consciente de lo inconsciente, entonces todo el mecanismo empezará a funcionar correctamente.

El psicoanálisis, por hablar de la más difundida de estas escuelas, tiene, como casi todas las cosas, ventajas y desventajas.

La ventaja fundamental es que no existe, o yo no creo que exista, otro modelo terapéutico que brinde un conocimiento más profundo de los propios procesos interiores. Ningún otro modelo es capaz, parece, de llegar al nivel de autoconocimiento al que se puede llegar con las técnicas freudianas.

En cuanto a las desventajas, por lo menos son dos. Por un lado, la duración del proceso terapéutico, demasiado largo, lo cual lo hace fatigoso y antieconómico —y no sólo me refiero al dinero—. Algún analista me dijo una vez que la terapia debe durar un tercio del tiempo vivido por el paciente a partir del momento en que empezó la terapia. Por otro lado, el modelo tiene una dudosa efectividad terapéutica. Personalmente, dudo que se pueda alcanzar un autoconocimiento suficiente para modificar el planteamiento de una vida, una postura enfermiza o el motivo por el que el paciente acudió a la consulta.

En el otro extremo, creo yo, están las escuelas psicoterapéuticas centradas en el futuro. Estas líneas, muy en boga en este momento, podría definirlas resumidamente como sigue: el verdadero problema es que el paciente actúa de manera diferente a como debería hacerlo para conseguir sus objetivos. Por lo tanto, la tarea no consiste en descubrir por qué le pasa lo que le pasa —esto se da por sentado—, ni en conocer en profundidad al individuo que sufre. La cuestión es conseguir que el paciente llegue donde se propone, o consiga lo que desea superando sus temores, a fin de vivir más productiva y positivamente.

Esta línea, representada principalmente por el conductismo, propone la idea de que sólo se pueden aprender nuevas conductas ejecutándolas, cosa que el paciente difícilmente se atreverá a hacer sin la ayuda, el apoyo y la dirección exteriores. Esta ayuda será dada preferentemente por un profesional que le indicará cuáles son las conductas más adecuadas, le recomendará de forma explícita cuáles deben ser sus actitudes y acompañará al paciente en este proceso de reacondicionamiento saludable.

La pregunta básica que se plantean los terapeutas de esta corriente no es ¿por qué?, sino ¿cómo? Es decir, ¿cómo alcanzar el objetivo buscado? Esta escuela tiene también ventajas e inconvenientes. La primera de las ventajas es que la técnica es increíblemente efectiva y, la segunda, la rapidez del proceso. Algunos neoconductistas americanos hablan ya de terapias que conllevan entre una y cinco consultas. La desventaja más obvia para mí es que el tratamiento es superficial: el paciente nunca llega a conocerse ni a descubrir sus propios recursos y, por lo tanto, queda limitado a resolver solamente aquella situación que le llevó a la consulta, y en estrecha dependencia de su terapeuta. Esto no debería tener nada de malo, pero no ofrece los recursos suficientes para que el paciente llegue al imprescindible contacto consigo mismo.

La tercera línea es, desde el punto de vista histórico, la más nueva de las tres. Está integrada por todas aquellas escuelas psicoterapéuticas que centran su atención en el presente.

Desde un punto de vista general, partimos de la idea de no investigar el origen del sufrimiento ni recomendar conductas para sortear ese sufrimiento. Más bien, la tarea se centra en establecer qué le está pasando a la persona que realiza una consulta y para qué está en esa situación.

Tú sabes que esta es la línea que yo elijo para trabajar, y por ello es obvio que creo que es la mejor. No obstante, reconozco que también este camino tiene desventajas, pero también ventajas.

Comparativamente, no son terapias tan largas como el psicoanálisis ni tan cortas como las neoconductistas. Una terapia de este modelo durará entre seis meses y dos años. Sin tener la profundidad ortodoxa, genera, en mi opinión, una buena dosis de autoconocimiento y un buen nivel de manejo de los propios recursos.

Por otro lado, si bien es capaz de fertilizar el proceso de entrar en contacto con la realidad actual, también esconde el peligro de promover en los pacientes, aunque sea durante un rato, una filosofía de vida pasotista y liviana; una postura centrada en «vivir el momento» que no tiene nada que ver con el «presente» que estas escuelas plantean, que, por supuesto, admite y requiere muy a menudo tanto la experiencia como los proyectos de vida.

Hay un chiste muy viejo que quizá sirva para ejemplificar estas tres corrientes. La situación que explica el chiste es muy simple, y siempre la misma, pero me voy a conceder el lujo de burlarme durante un rato de estas tres líneas de pensamiento y te voy a contar tres finales diferentes.

Un hombre padece encopresis (en buen romance: se caga encima). Va a ver a su médico que, después de examinarle e investigar, no encuentra ningún motivo físico que explique su problema, y entonces le recomienda que consulte a un terapeuta.

Primer final, en el que el terapeuta consultado es un psicoanalista ortodoxo:

Cinco años después, el hombre se encuentra con un amigo.

—¡Hola! ¿Cómo te va con tu terapia?

—¡Fantástico! —contesta el hombre, eufórico.

—¿Ya no te cagas encima?

—Mira, cagar, me sigo cagando, ¡pero ahora ya sé por qué lo hago!

Segundo final, en el que el terapeuta consultado es un conductista:

Cinco días después, el hombre se encuentra con un amigo.

—¡Hola! ¿Cómo te va con tu terapia?

—¡Genial! —contesta el hombre, eufórico.

—¿Ya no te cagas encima?

—Mira, cagar, me sigo cagando, ¡pero ahora uso calzoncillos de goma!

Tercer final, en el que el terapeuta consultado es gestáltico:

Cinco meses después, el hombre se encuentra con un amigo.

—¡Hola! ¿Cómo te va con tu terapia?

—¡Maravilloso! —contesta el hombre, eufórico.

—¿Ya no te cagas encima?

—Mira, cagar me sigo cagando, ¡pero ahora no me importa!

—Pero ese planteamiento me parece demasiado apocalíptico —quise defender yo.

—Es posible, pero en todo caso, este apocalipsis es real. Tan real como que tu sesión ha terminado.

¡Pocas veces he maldecido tanto a alguien!

El tesoro enterrado

La sesión anterior me había dejado inquieto, por no decir preocupado. Aquel pobre hombre seguía cagándose encima, y no importaba en manos de qué terapeuta cayera. Esto me obligó a replantearme mi propia decisión de hacer terapia: después de todo, yo no quería seguir yendo a la consulta ni para llegar a entender por qué, ni para usar calzoncillos de goma, ni para que dejara de importarme. Así que, si eso era lo que se podía obtener de esta inversión de tiempo y de dinero, había llegado la hora de dejarlo.

—Entonces, gordo, ya no es un problema de escuelas terapéuticas. Mi planteamiento ahora es: ¿para qué estoy aquí?

—Lamentablemente, esa respuesta no la tengo yo. La respuesta la tienes tú.

—Estoy confundido, muy confundido. Hasta la última sesión, yo estaba seguro de la utilidad de la psicoterapia. Yo era una de esas personas que mandan a todos sus amigos al terapeuta. Pero, de repente, en la sesión pasada mi propio terapeuta me dice que un hombre que llega cagándose encima, cojeando, deprimido o loco, se irá tan cagado, cojo, triste y enajenado como llegó. No entiendo nada. Esto es muy confuso.

—No se consigue nada oponiéndose a la confusión. Te molesta la situación porque crees que deberías tenerlo todo claro, deberías no estar confuso, deberías tener todas las respuestas, deberías, deberías... Relájate, Demián. Como ya te dije, en Gestalt el único «deberías» es:

Deberías saber que no «deberías» nada en absoluto.

—Es verdad. Incluso sin «deberías» hay respuestas que necesito y no tengo.

—¿Te cuento un cuento?

Ese día, más que otros, abrí mis oídos. Yo sabía que un relato, una parábola y hasta un chiste de Jorge me habían ayudado a encontrar la claridad dentro de la confusión.

Había una vez, en la ciudad de Cracovia, un anciano piadoso y solidario que se llamaba Izy. Durante varias noches, Izy soñó que viajaba a Praga y llegaba hasta un puente sobre un río. Soñó que a un lado del río, y debajo del puente, se hallaba un frondoso árbol. Soñó que él mismo cavaba un pozo al lado del árbol y que de ese pozo sacaba un tesoro que le traía bienestar y tranquilidad para toda la vida.

Al principio, Izy no le dio importancia. Pero cuando el sueño se repitió durante varias semanas, interpretó que era un mensaje y decidió que no podía desoír esa información que le llegaba de Dios, o de no sabía dónde, mientras dormía.

Así que, fiel a su intuición, cargó su mula para un largo viaje y partió hacia Praga.

Después de seis días de marcha, el anciano llegó a Praga y se dedicó a buscar el puente sobre el río en las afueras de la ciudad.

No había muchos ríos ni muchos puentes, así que rápidamente encontró el lugar que buscaba. Todo era igual que en su sueño: el río, el puente y, a un lado del río, el árbol debajo del que debía cavar.

Sólo había un detalle que no había aparecido en su sueño: el puente era custodiado día y noche por un soldado de la guardia imperial.

Izy no se atrevía a cavar mientras el soldado estuviera allí, así que acampó cerca del puente y esperó. La segunda noche, el soldado empezó a sospechar de aquel hombre que acampaba cerca de su puente, así que se aproximó para interrogarle.

El viejo no encontró razón para mentirle. Por eso le contó que había llegado desde una ciudad muy lejana porque había soñado que en Praga, bajo un puente como aquél, había un tesoro enterrado.

El guardia empezó a reírse a carcajadas.

—Has viajado mucho por una estupidez —le dijo—. Desde hace tres años, yo sueño todas las noches que en la ciudad de Cracovia, debajo de la cocina de un viejo loco llamado Izy, hay un tesoro enterrado. ¡Ja, ja, ja! ¿Crees que yo debería ir a Cracovia a buscar a ese Izy y cavar bajo su cocina? ¡Ja, ja, ja!

Izy dio amablemente las gracias al guardia y regresó a su casa.

Al llegar, cavó un pozo bajo su cocina y encontró el tesoro que siempre había estado allí enterrado.

Después del cuento, el gordo hizo un largo silencio hasta que sonó el timbre de la puerta. Era su siguiente paciente. Jorge se acercó, me abrazó, me besó en la frente y me fui.

Repasé la sesión mentalmente. Al principio de la conversación, el gordo me había dicho lo mismo que quería explicarme con su cuento: «La respuesta a tus preguntas no la tengo yo, sino tú».

Las respuestas las encontraría en mí. No en Jorge, ni en los libros, ni en la terapia, ni en mis amigos. ¡En mí! ¡Sólo en mí!

Como Izy, el tesoro que estaba buscando estaba aquí y en ningún otro sitio.

«En ningún otro lugar», me repetía una y otra vez. «En ningún otro lugar.»

Y entonces me di cuenta: nadie podía decirme si la terapia «sirve» o no. Sólo yo podía saber si «me sirve», y esta respuesta es tan sólo válida para mí (y sólo en este momento, por ahora). Ahora entendía que yo había pasado gran parte de mi vida buscando a alguien que me dijera qué estaba bien y qué estaba mal. Buscando a otros que me miraran para verme a mí mismo. Buscando fuera lo que en realidad siempre estuvo dentro, debajo de mi propia cocina.

Ahora quedaba claro que la terapia no es más que una herramienta para poder cavar en el lugar correcto y desenterrar el tesoro escondido. El terapeuta no es más que aquel soldado que, a su modo, te dice una y otra vez dónde debes buscar y repite incansablemente que es estúpido buscar fuera.

La confusión había cesado y, como Izy, me sentí afortunado y tranquilo al saber, por fin, que el tesoro está conmigo, que siempre lo estuvo y que es imposible perderlo.

Por una jarra de vino

En aquella época, cada sesión parecía conectar directamente con la anterior, como los eslabones de una cadena. Yo estaba tan contento que casi no podía creer las cosas de las que me iba dando cuenta yo solo. Estaba aprendiendo a vivir mis descubrimientos con alegría o con tristeza, llorando o a carcajadas, pero con la satisfacción de estar más cerca que antes de la paz interior, de la serenidad de espíritu, de la máxima confianza en mis propios recursos, de lo que hoy llamaría «ser feliz».

Todo iba bien. Pero, de repente, empecé a pensar que de poco servía esclarecer las dudas si el resto del mundo seguía viviendo en la ignorancia supina y se empeñaba en permanecer allí. Me sentí lleno de impotencia y me empecé a enfadar. Y seguí.

Aunque admitiera que yo podía soportar ese sentimiento de marciano que me provocaba el hecho de verme diferente al resto, de nada iba a servir a los demás que una persona en el mundo, o diez o cien, tuvieran las cosas algo más claras.

Entonces me acordé de mi tío Roberto. Él también, alguna vez, había empezado una terapia. Le iba bien, por lo que contaba. Muy bien. Pero unos meses después de empezar el tratamiento, le dijo a su terapeuta: «Mira, digamos que yo he recorrido el diez por ciento del camino. En el transcurso de estos meses y con el diez por ciento de crecimiento, se ha distanciado de mí el cincuenta por ciento de la gente con la que solía tratar. La proyección matemática aproximada dice que cuando haya recorrido el treinta por ciento del camino, nueve de cada diez de mis amigos habrán huido. La verdad es que yo no creo que valga la pena estar más sano si la consecuencia es estar más solo en el mundo que Robinson Crusoe sin Viernes. Gracias por todo ¡y adiós!».

Así llegué a la consulta aquel día. Cuestionaba el hecho terapéutico, pero sobre todo cuestionaba la tarea del terapeuta. No la del gordo, que para mí venía con las acciones al alza, sino que esta vez desconfiaba de la de todos los terapeutas.

—¿Cuánto tiempo lleva formar un terapeuta bien preparado? Mírate a ti: sin contar la enseñanza primaria y la secundaria, estuviste seis años en la facultad de medicina, cinco años de especialización, tres años de cursos y aprendizaje psicoterapéutico, diez años de terapia personal, no sé cuántos de terapia didáctica y, según me contaste, no menos de diez años de labor profesional para completar tu formación teórica con la experiencia práctica. ¡Uf! ¡Me canso de contarlo!

—No sé dónde quieres ir a parar, pero añade que la formación no se termina. La formación continúa, y así debe ser indefinidamente.

—Pues entonces me das la razón. Y todo eso sirve para que durante toda tu vida profesional atiendas a unos cientos de personas, lo cual es posible porque trabajas con terapias cortas. Si no, estaríamos hablando de una veintena de pacientes. No tiene sentido, gordo. Desde el punto de vista social, tu profesión no tiene sentido.

—Algunos de estos «largos años de estudio y preparación», como tú dices, los dediqué a leer cuentos que otros escribieron o a escuchar relatos que la tradición recogió de la sabiduría popular. A continuación, te contaré uno de esos cuentos, ya que creo que ahora puede servir para algo.

Había una vez... otro rey.

Era el monarca de un pequeño país, llamado principado de Uvilandia. Su reino estaba lleno de viñedos y todos sus súbditos se dedicaban a la elaboración de vino. Con la exportación a otros países, las quince mil familias que habitaban Uvilandia ganaban suficiente dinero para vivir bastante bien, pagar los impuestos y darse algunos lujos.

Hacía ya varios años que el rey estudiaba las finanzas del reino. El monarca era justo y comprensivo, y no le gustaba la sensación de meterle la mano en los bolsillos a los habitantes de Uvilandia. Por eso hacía grandes esfuerzos para encontrar la manera de reducir los impuestos.

Hasta que un día tuvo una gran idea. El rey decidió abolir los impuestos. Como única contribución para solventar los gastos del estado, el rey pediría a cada uno de sus súbditos que, una vez al año, en la época en que se envasaran los vinos, se acercaran a los jardines de palacio con una jarra de un litro del mejor vino de su cosecha y lo vaciarían en un gran tonel que se construiría para tal fin y en aquella fecha.

De la venta de esos quince mil litros de vino se obtendría el dinero necesario para el presupuesto de la corona, los gastos sanitarios y la educación de su pueblo.

La noticia corrió por el reino a través de bandos y carteles en las principales calles de las ciudades. La alegría de la gente fue indescriptible. En todas las casas se alabó al rey y se cantaron canciones en su honor.

En todas las tabernas se alzaron las copas y se brindó por la salud y la larga vida del buen rey.

Entonces llegó el día de la contribución. Durante toda la semana, en barrios y mercados, en plazas y en iglesias, los habitantes se recordaban y recomendaban unos a otros no faltar a la cita. La convivencia cívica era la justa retribución al gesto del soberano.

Desde temprano, empezaron a llegar de todo el reino las familas enteras de los vinateros con su jarra en la mano del cabeza de familia. Uno por uno, subían la larga escalera que conducía a la cima del enorme tonel real, vaciaban su jarra y bajaban por otra escalera al pie de la cual el tesorero del reino colocaba un escudo con el sello del rey en la solapa de cada campesino.

A media tarde, cuando el último de los campesinos vació su jarra, se supo que nadie había fallado. El enorme barril de quince mil litros estaba lleno. Del primero al último de los súbditos habían pasado a tiempo por los jardines y vaciado sus jarras en el tonel.

El rey estaba orgulloso y satisfecho. Al caer el sol, cuando el pueblo se reunió en la plaza frente al palacio, el monarca salió a su balcón aclamado por su gente. Todos estaban felices. En una hermosa copa de cristal, herencia de sus ancestros, el rey mandó a buscar una muestra del vino recogido. Con la copa en camino, el soberano les habló.

—Maravilloso pueblo de Uvilandia: tal como había imaginado, todos los habitantes del reino han acudido hoy al palacio.

Quiero compartir con vosotros la alegría de la corona al confirmar que la lealtad del pueblo con su rey es igual a la lealtad del rey hacia su pueblo. Y no se me ocurre mejor homenaje que brindar por vosotros con la primera copa de este vino, que será sin duda un néctar de dioses, la suma de las mejores uvas del mundo, elaboradas por las mejores manos del mundo y regadas con el mayor bien del reino, es decir, el amor del pueblo.

Todos lloraban y vitoreaban al rey.

Uno de los sirvientes acercó la copa al rey y éste la levantó para brindar por el pueblo que aplaudía eufórico. Pero la sorpresa detuvo su mano en el aire: al levantar el vaso, el rey notó que el líquido que contenía era transparente e incoloro. Lentamente, lo acercó a su nariz, entrenada para percibir el aroma de los mejores vinos, y confirmó que no tenía olor ninguno. Catador como era, llevó la copa a su boca casi automáticamente y bebió un sorbo.

¡El vino no tenía sabor de vino, ni de ninguna otra cosa!

El rey envió a buscar una segunda copa de vino del tonel, después otra y, por último quiso tomar una muestra desde el borde superior. Pero no había caso: todo era igual. Inodoro, incoloro e insípido.

Los alquimistas del reino fueron llamados con urgencia para analizar la composición del vino. La conclusión fue unánime: el tonel estaba lleno de agua. Agua purísima. Cien por cien agua.

El monarca mandó reunir inmediatamente a todos los sabios y magos del reino, para que buscaran con urgencia una explicación a aquel misterio. ¿Qué conjuro, reacción química o hechizo había sucedido para que esa mezcla de vinos se transformara en agua?

El más anciano de los ministros del gobierno se acercó y le

dijo al oído: «¿Milagro? ¿Conjuro? ¿Alquimia? Nada de eso, señor, nada de eso. Vuestros súbditos son humanos, majestad. Eso es todo».

—No entiendo —dijo el rey.

—Tomemos por caso a Juan —dijo el ministro —. Juan tiene un enorme viñedo que abarca desde el monte hasta el río. Las uvas que cosecha son de las mejores cepas del reino y su vino es el primero en venderse y al mejor precio.

Esta mañana, cuando preparaba a su familia para bajar al pueblo, se le pasó una idea por la cabeza: ¿y si ponían agua en lugar de vino? ¿Quién podía notar la diferencia?

Una sola jarra de agua en quince mil litros de vino: ¡Nadie notaría la diferencia! ¡Nadie!

Y nadie lo hubiera notado, salvo por un detalle, majestad, salvo por un detalle.

¡Todos pensaron lo mismo!

Solos y acompañados

¿Cómo se las arreglaba Jorge para calcular el tiempo exacto de la sesión y terminar justo al final de un cuento? ¿Cómo hacía para dejarme dándole vueltas a una idea toda la semana?

A veces esto me parecía maravilloso. Yo tenía siete largos días para pensar acerca del relato, darle mi propia interpretación y bucear en la utilidad que yo podía obtener de ese cuento.

Otras veces me resultaba odioso no poder sacarle el jugo que yo intuía que contenía la historia, pero que no conseguía extraerle.

También había veces en que me comportaba estúpidamente. Cuando salía del consultorio trataba de descubrir qué me había querido decir el gordo con aquel relato. La secuencia posterior era inevitable: yo llegaba a la sesión para comprobar con Jorge si había «adivinado» el significado del cuento y, como era de prever, el gordo se ponía furioso.

—¿Qué importa lo que quise decir? Lo importante es para qué te sirvió a ti, si es que te sirvió para algo. Esto

74

no es una clase del colegio y yo no soy quien puntúa si acertaste o no lo que quería decir tal o cual cosa. ¡Joder! Lo que yo quise decir con lo que dije es exactamente lo que dije; si hubiera querido decir otra cosa, seguramente lo que hubiera dicho habría sido esa otra cosa. Cuando haces esto, Demián, el relato sólo te sirve para poner a prueba tu ego, para alimentar tu vanidad. Piensas: «Ajá, lo he descubierto. Ajá, me he dado cuenta. Ajá, he podido adivinar el mensaje del cuento. Ajá, soy un idiota».

Con la historia del vino convertido en agua, me pasaron un montón de cosas. La primera fue darme cuenta, casi con alivio, de que mi planteamiento estaba equivocado. De que, en realidad, la tarea terapéutica no terminaba en mí, ni en ningún otro paciente. Utilizando palabras que más adelante le oí decir al gordo, «cada persona que crece podría ser un repetidor, un pequeño maestro, el detonador de una reacción en cadena que en sí misma es capaz de cambiar el mundo».

Y pensando en esto, me di cuenta de una segunda cosa: cuántas veces yo, y otros como yo, no nos atrevemos a hacer algo porque pensamos que es inútil intentarlo, que no se puede hacer nada. Porque ¿quién notaría la diferencia si yo actuara así, como en el cuento?

Si yo actuara así...

Y quizás, aunque sólo otra persona se atreviera a pensar como yo, se animaría a sumarse a mi actuación o quizá, más humildemente, podría ser que alguien notara una diferencia en esa actitud y se diera cuenta de que uno puede ser de otra manera. Si yo actuara así, de manera distinta a la de todos los días, de forma diferente a los demás, quizás, con el tiempo, todas las cosas cambiarían.

Y me di cuenta de que esto ocurre constantemente:

Que la gente no paga impuestos porque ¿cuál es la diferencia?

Que la gente no es amable porque ¿quién se va a dar cuenta?

Que la gente no es considerada porque nadie quiere ser el único idiota.

Que la gente no se divierte porque es ridículo reírse solo.

Que la gente no empieza a bailar en las fiestas hasta que otros no lo hacen antes.

... Que no somos más estúpidos porque no tenemos más tiempo.

Si yo consiguiera ser fiel a mí mismo, verdadera y continuamente fiel, cuánto más amable, cordial, generoso y gentil sería.

De todo esto hablaba con Jorge en aquella época y, a medida que hablaba y pensaba en esto, aparecía una y otra vez, sin que yo saliera a buscarla, la idea de quedarme solo, solo y señalado por el dedo ridiculizador de los demás...

O peor aún, sin siquiera ese dedo ridiculizador...

—Hace algunos años —empezó el gordo— escribí un ensayo que empezaba con esta frase: «El canal de parto y el ataúd son dos lugares diseñados para un solo cuerpo».

Y esto, Demián, para mí quiere decir que nacemos solos y morimos solos. Esta idea, tan terrible según mi punto de vista, es quizá lo más duro que he tenido que aprender a lo largo de mi propio proceso de crecimiento.

Pero también descubrí, por suerte, que existen los compañeros de viaje: compañeros para un ratito, compañeros para una temporadita más o menos larga. Y después, existen también los amigos, los amores, los hermanos: compañeros para toda la vida.

—¿Sabes, gordo? Me recuerda aquello que leí alguna vez sobre la pareja: «No camines delante de mí porque no podría seguirte. No camines detrás de mí, porque podría perderte. No camines debajo de mí, porque podría pisarte. No camines encima de mí, porque podría sentir que me pesas. Camina a mi lado, porque somos iguales».

—Claro, Demián, eso es. Darse cuenta de que nadie puede recorrer el camino por ti, es fundamental. Tanto como saber que el camino es más nutritivo si se recorre en compañía.

Darme cuenta de quién soy y saberme único, diferente y separado del mundo por el límite de mi piel, no necesariamente quiere decir que deba vivir aislado, ni desolado, ni siquiera que tenga que ser autosuficiente.»

—Entonces, ¿no se puede vivir sin los demás?

—Depende de lo que tú creas que debes vivir en cada momento y de quienes sean los demás, en cada momento.

Aquel hombre había viajado mucho. A lo largo de su vida, había visitado cientos de países reales e imaginarios...

Uno de los viajes que más recordaba era su corta visita al País de las Cucharas Largas. Había llegado a la frontera por casualidad: en el camino de Uvilandia a Paraís, había un pequeño desvío hacia el mencionado país. Como le gustaba explorar, tomó ese camino. La sinuosa carretera terminaba en una enorme casa aislada. Al acercarse, notó que la mansión

77

parecía dividida en dos pabellones: un ala Oeste y un ala Este. Aparcó su automóvil y se acercó a la casa. En la puerta, un cartel anunciaba:

PAÍS DE LAS CUCHARAS LARGAS

«ESTE PEQUEÑO PAÍS CONSTA SÓLO DE DOS HABITACIONES, LLAMADAS NEGRA Y BLANCA. PARA RECORRERLO, DEBE AVANZAR POR EL PASILLO HASTA DONDE SE DIVIDE Y GIRAR A LA DERECHA SI QUIERE VISITAR LA HABITACIÓN NEGRA O A LA IZQUIERDA SI LO QUE QUIERE ES CONOCER LA HABITACIÓN BLANCA.»

El hombre avanzó por el pasillo y el azar le hizo girar primero a la derecha. Un nuevo corredor de unos cincuenta metros de largo terminaba en una enorme puerta. Nada más dar los primeros pasos, empezó a escuchar los ayes y quejidos que provenían de la habitación negra.

Por un momento, las exclamaciones de dolor y sufrimiento le hicieron dudar, pero decidió seguir adelante. Llegó a la puerta, la abrió y entró.

Sentados en torno a una enorme mesa habían cientos de personas. En el centro de la mesa se veían los manjares más exquisitos que cualquiera pudiera imaginar y, aunque todos tenían una cuchara con la que alcanzaban el plato central, ¡se estaban muriendo de hambre! El motivo era que las cucharas eran el doble de largas que sus brazos y estaban fijadas a sus manos. De ese modo, todos podían servirse, pero nadie podía llevarse el alimento a la boca.

La situación era tan desesperada y los gritos tan desgarradores, que el hombre dio media vuelta y salió huyendo del salón.

Volvió a la sala central y tomó el pasillo de la izquierda, que conducía a la habitación blanca. Un corredor exactamente igual que el anterior terminaba en una puerta similar. La única diferencia era que, por el camino, no se oían quejidos ni lamentos. Al llegar a la puerta, el explorador giró el picaporte y entró en la habitación.

Cientos de personas se hallaban también sentadas en torno a una mesa igual a la de la habitación negra. También en el centro se veían manjares exquisitos, y todas las personas llevaban una larga cuchara fijada a su mano.

Pero allí nadie se quejaba ni lamentaba. Nadie se moría de hambre porque ¡todos se daban de comer los unos a los otros!

El hombre sonrió, dio media vuelta y salió de la habitación blanca. Cuando oyó el «clic» de la puerta que se cerraba se halló de pronto, misteriosamente, en su propio automóvil, conduciendo de camino a Paraís.

La esposa sorda

Nada más sentarme empecé a hablar. Aquel día tenía muy claro sobre qué quería trabajar: mis discusiones con mi pareja.

—Me parece que Gabriela está de la cabeza.

—¿De la qué?

—De la cabeza... Chiflada, volada, loca como una cabra...

—¿Por...?

—Llevamos toda la semana discutiendo por el tema de las vacaciones. Resulta que Gabriela quiere que pasemos todo el mes en Uruguay con sus padres, que nos han invitado. Y yo no quiero ir, porque preferiría pasar las vacaciones en Argentina, con un grupo de amigos del club. Yo sé que ella lo pasaría mucho mejor en Argentina, pero está empeñada con lo de Uruguay. Y si hay algo que a mí me saca de quicio es que Gabriela se empecine con algo. Cuanto más la veo así, más tozudo me pongo yo. Hasta que llega un momento en que no puedo seguir hablando con ella porque tengo la sensación de que es absolutamente incapaz de abrir su mente y escuchar otras opiniones.

—¿Y por qué prefiere ella ir a Uruguay?

—Por nada. Es un capricho.

—Pero ella no dice que es un capricho. ¿O sí?

—No, ella dice que quiere ir a Uruguay.

—¿Y tú no le has preguntado por qué?

—Sí, claro que se lo he preguntado, pero ya no recuerdo qué tontería me contestó.

—Dime, Demián. Si no sabes qué te contestó, ¿cómo puedes decir que es una tontería?

—Porque cuando Gabriela se encapricha con algo dice cualquier cosa y no atiende razones. Descalifica todo lo que dice el otro y lo único que entiende son sus propios argumentos.

—Descalifica tus argumentos.

—Sí.

—Dice, por ejemplo, que lo tuyo son estupideces, o que eres un cabezota...

—Eso.

—O que eres un caprichoso.

—Sí, también. ¿Cómo lo sab...?

—Ayer me contaron un chiste.

Un hombre llama al médico de cabecera de la familia.

—Ricardo, soy yo, Julián.

—¡Ah, hola! ¿Qué te cuentas, Julián?

—Pues mira, te llamo porque estoy preocupado por María.

—Pero, ¿qué le pasa?

—Se está quedando sorda.

—¿Cómo que se está quedando sorda?

—Sí, de verdad. Necesito que vengas a verla.

—Bueno, la sordera en general no es una cosa repentina ni aguda, así que el lunes tráemela a la consulta y la miraré.

—Pero, ¿tú crees que podemos esperar hasta el lunes?

—¿Cómo te has dado cuenta de que no oye?

—Pues... porque la llamo y no contesta.

—Mira, puede ser cualquier tontería, como un tapón en el oído. A ver, vamos a hacer una cosa: vamos a detectar el nivel de sordera de María. ¿Dónde estás tú?

—En el dormitorio.

—Y ella, ¿dónde está?

—En la cocina.

—De acuerdo. Llámala desde ahí.

—¡Maríaaaaaaaa...! No, no me oye.

—Bueno. Acércate a la puerta del dormitorio y grítale desde el pasillo.

—¡Maríaaaaaaaa...! No, ni caso.

—Espera, no te desesperes. Ve a buscar el teléfono inalámbrico y acércate a ella por el pasillo llamándola para ver cuándo te oye.

—¡Maríaaaaaaa...! ¡Maríaaaaaaaaaaaa...! ¡Maríaaaaaaaaaaaa...! No hay manera. Estoy delante de la puerta de la cocina y la veo. Está de espaldas lavando los platos, pero no me oye. ¡Maríaaaaaaaaaaaa...! No hay manera.

—Acércate más.

El hombre entra en la cocina, se acerca a María, le pone una mano en el hombro y le grita en la oreja: «¡Maríaaaaaaaaaaaaaa...!» La esposa, furiosa, se da la vuelta y le dice:

—¿Qué quieres? ¡¿Qué quieres, qué quieres, qué quiereeeeeeees...?! Ya me has llamado como diez veces y diez veces te he contestado «qué quieres». Cada día estás más sordo, no sé por qué no vas al médico de una vez...

—Esto es la proyección, Demián. Cada vez que veo algo que me molesta de otra persona, sería bueno recordar

82

que eso que veo, por lo menos (¡por lo menos!), también es mío.

Bueno, sigamos con lo tuyo... ¿Qué me decías de los caprichos de Gabriela?

¡No mezclar!

—Gabriela siempre se está quejando de que yo no le presento a mis amigos. Siempre quiere conocer a los chicos y las chicas de la facultad. ¡Me tiene harto!

—¿Y tú le presentas a la gente de la facultad?

—Yo no la oculto. Si nos cruzamos con alguien por la calle o en una fiesta, yo la presento. Pero lo que ella quisiera es entrar en mi mundo de relaciones.

—Que es, si te entiendo bien, justo lo que tú no quieres.

—Bueno... depende...

—¿Depende de qué?

—Qué sé yo. Depende. Si la situación se da de forma natural, está bien. Pero forzar situaciones, no.

—¿Me tomas el pelo? ¿Qué es forzar situaciones? ¿Que haya una fiesta con gente de la facultad, te inviten y vayas con tu novia? ¿Eso es forzar?

—Sí, claro que es forzar. No tiene nada que ver. Nadie la conoce.

—Esto parece cachondeo, Demián. Yo tenía un primo que antes de comer y antes de cenar se comía un bocadillo porque decía que no podía comer nada con el estómago vacío.

—No veo la relación entre tu chiste y lo mío.

—No, hoy no le ves la relación a nada. Me dices que no hay lugar para Gabriela entre tus amigos porque no la conocen, y tú no le das la oportunidad de conocerlos...

—...

—¿Por qué, Demián?

—Porque son personas muy diferentes y...

—¿Por qué?

—Porque Gabriela...

—¿Por qué, Demián, por qué?

—¿Por qué? Para no mezclar.

—¿Qué quieres decir?

—Claro, yo no quiero mezclar estos dos grupos de relaciones... Y no creas que me resulta fácil. No sólo se enfada Gabriela. La verdad es que también discuto con mis compañeros de la facultad, que también insisten en que lleve a Gabriela. Nadie entiende que quiero que cada cosa esté en su lugar: una cosa es una cosa y otra cosa es otra cosa.

—Pero dime: esta cosa y esta otra cosa y las otras cosas diferentes de estas cosas, ¿no están acaso anidando todas dentro de ti?

—Sí, dentro sí. Pero fuera no las quiero mezclar.

—¿Por qué quieres que no se mezclen?

—No lo sé, gordo, pero no quiero mezclarlas.

—No es la primera vez que haces esto, ¿verdad?

—¿Cómo que no es la primera vez?

—Claro, ya otras veces me has contado lo mucho que te preocupa no mezclar.

—Ah, sí. Creo que alguna vez te hablé de no mezclar a mi familia con mis amigos, a la gente del club con la de la facultad, y no recuerdo cuál más.

—Yo tengo la sensación de que intentar preservar lugares privados que te pertenecen puede ser útil, es cierto. Pero también creo que encasillar los hechos y a las personas de tu vida para que nunca se crucen es demasiado agotador y, a veces, yo diría que incluso peligroso.

—¿Peligroso por qué?

—Porque me parece que poniendo barreras y limitaciones, los demás empiezan a dudar de su propio lugar y reclaman que les des la posibilidad de compartir contigo tus cosas, sobre todo las que se ve que son importantes.

—Ese es su problema, no el mío.

—No te pongas rígido. Será su problema, pero tú eres quien debe saber que el otro se queda resentido, se siente excluído y despreciado. Ése es el riesgo. Quizá terminas hiriendo a los demás «por no mezclar», arruinas tu relación con ellos por poner barreras.

—Creo que lo hago sólo con mis grupos de amigos, porque realmente están separados.

—Demián: unos meses después de empezar tu terapia, llegaste a la facultad, te habías quedado sin dinero y no querías pedírselo a tus padres. ¿Te acuerdas? Yo, naturalmente, te ofrecí prestarte hasta el mes siguiente, o hasta cuando tuvieras. ¿Verdad?

—Sí.

—¿Y recuerdas lo que pasó?

—Sí. No lo quise aceptar.

—¿Recuerdas tus argumentos?

—No, no me acuerdo.

—Me dijiste que te sorprendía, que me lo agradecías, pero que «no querías mezclar». ¿No te suena esa frase?

—Bueno, pero tú no te sentiste ni despreciado, ni excluído ni nada de eso...

—¿Estás seguro?

—... casi.

—Mientes. No estás seguro en absoluto.

—Mira, contigo no estoy seguro ni de cómo me llamo.

—Te puedo asegurar, Demián, que a veces no importa lo claras que tengas las cosas. Cuando, de corazón, ofreces tu ayuda a otro y ese otro la rechaza porque es estúpido, orgulloso o simplemente porque sí, no tienes ganas de celebrarlo. Lo primero que se te pasa por la cabeza son las ganas que tienes de mandarlo a tomar viento.

—Es verdad. Entiendo.

—Para variar, te voy a contar un cuento.

Había una vez un hombre que tenía un criado bastante tonto. El hombre no era tan mezquino como para despedirlo, ni tan generoso como para mantenerlo sin que hiciera nada (¡que es lo mejor que se puede hacer con un tonto!). El caso es que el hombre trataba de darle tareas sencillas para que el tonto «sirviera para algo». Un día lo llamó y le dijo: «Ve hasta el almacén y compra una medida de harina y una de azúcar. La harina es para hacer pan y el azúcar para hacer dulces, así que procura que no se mezclen. ¿Me has escuchado? ¡Que no se mezclen!».

El criado hizo esfuerzos por recordar la orden: una medida de harina, una medida de azúcar, y que no se mezclen... ¡Que no se mezclen! Cogió una bandeja y fue al almacén.

Camino del almacén repetía para sus adentros: «Una medida de harina y una medida de azúcar, ¡pero que no se mezclen!».

Llegó al almacén.

—Deme una medida de harina, señor.

El almacenero metió el jarro de la medida en la harina y lo

sacó colmado. El criado acercó la bandeja y el almacenero vació el jarro encima.

—Y una medida de azúcar —dijo el comprador.

De nuevo, el almacenero tomó una medida, la introdujo en el gran cajón y la sacó, esta vez llena de azúcar.

—¡Que no se mezclen! —dijo el criado.

—Y, entonces, ¿dónde pongo el azúcar? —preguntó el almacenero.

El otro pensó un rato y, mientras pensaba (cosa que buen trabajo le costaba), pasó la mano por debajo de la bandeja y ¡se dio cuenta de que estaba vacía! Así que, en una rápida decisión, dijo: «Aquí». Y le dio la vuelta a la bandeja derramando, por supuesto, la harina.

El criado dio media vuelta y regresó contento a la casa: una medida de harina, una de azúcar y que no se mezclen.

Cuando llegó el señor de la casa y lo vio entrar con la bandeja de azúcar le preguntó: «¿Y la harina?».

—¡Que no se mezclen! —contestó el criado—. ¡Está aquí!
—Y, en un rápido movimiento, dio la vuelta a la bandeja... derramando también el azúcar.

Las alas son para volar

Ese día, Jorge me esperaba con un cuento.

Cuando se hizo mayor, su padre le dijo: «Hijo mío: no todos nacemos con alas. Si bien es cierto que no tienes obligación de volar, creo que sería una pena que te limitaras a caminar teniendo las alas que el buen Dios te ha dado».

—Pero yo no sé volar —contestó el hijo.

—Es verdad... —dijo el padre. Y, caminando, lo llevó hasta el borde del abismo de la montaña.

—¿Ves, hijo? Este es el vacío. Cuando quieras volar vas a venir aquí, vas a tomar aire, vas a saltar al abismo y, extendiendo las alas, volarás.

El hijo dudó.

—¿Y si me caigo?

—Aunque te caigas, no morirás. Sólo te harás algunos rasguños que te harán más fuerte para el siguiente intento —contestó el padre.

El hijo volvió al pueblo a ver a sus amigos, a sus compañeros, aquellos con los que había caminado toda su vida.

Los más estrechos de mente le dijeron: «¿Estás loco? ¿Para

qué? Tu padre está medio loco... ¿Para qué necesitas volar? ¿Por qué no te dejas de tonterías? ¿Quién necesita volar?».

Los mejores amigos le aconsejaron: «¿Y si fuera cierto? ¿No será peligroso? ¿Por qué no empiezas despacio? Prueba a tirarte desde una escalera o desde la copa de un árbol. Pero... ¿desde la cima?».

El joven escuchó el consejo de quienes le querían. Subió a la copa de un árbol y, llenándose de coraje, saltó. Desplegó las alas, las agitó en el aire con todas sus fuerzas pero, desgraciadamente, se precipitó a tierra.

Con un gran chichón en la frente, se cruzó con su padre.

—¡Me mentiste! No puedo volar. Lo he probado y ¡mira el golpe que me he dado! No soy como tú. Mis alas sólo son de adorno.

—Hijo mío —dijo el padre—. Para volar, hay que crear el espacio de aire libre necesario para que las alas se desplieguen. Es como tirarse en paracaídas: necesitas cierta altura antes de saltar.

Para volar hay que empezar asumiendo riesgos.

Si no quieres, lo mejor quizá sea resignarse y seguir caminando para siempre.

¿QUIÉN ERES?

Había estado trabajando muy duro conmigo mismo. Guiado por mi terapeuta y alentado por mi deseo de descubrirlo todo sobre mi persona, pasaba gran parte de mi tiempo libre meditando sobre los hechos de mi vida, mis sentimientos actuales o pasados, mis recuerdos y cómo había aprendido de Jorge ese «darse cuenta» que cada vez me sorprendía más.

Pero no todo eran rosas. Algunas de las ideas que habitaban mi mente y, sobre todo, algunas emociones que me desbordaban me dejaban triste y abatido.

Con estos pensamientos fui al consultorio de Jorge el día que me leyó su versión del cuento de Giovanni Papini titulado *¿Quién eres?*

Por aquel entonces, yo me quejaba de todo el mundo. No sabía qué pasaba, pero tenía la sensación de que los demás no eran dignos de confianza. Yo no sabía si era yo quien siempre elegía mal las compañías o si la gente acababa siendo diferente de lo que yo esperaba...

El caso es que siempre me sorprendía esperando a alguien que nunca llegaba, o cancelando citas en el último momento porque alguien no había previsto no sé qué, o la mayoría de las veces esperando eternamente en lugares donde había quedado con amigos que de ninguna manera estaban dispuestos a llegar a la hora pactada... Y este es el cuento que mi terapeuta me leyó.

Aquel día, Sinclair se levantó como siempre a las siete de la mañana. Como todos los días, arrastró sus pantuflas hasta el baño y después de ducharse se afeitó y se perfumó. Se vistió con ropa a la moda, como era su costumbre, y bajó a la entrada a buscar su correspondencia. Allí se encontró con la primera sorpresa del día: ¡no había cartas!

Durante los últimos años su correspondencia había ido en aumento y era un factor importante para su contacto con el mundo. Un poco malhumorado por la noticia de la ausencia de noticias, apuró su habitual desayuno de leche y cereales (como recomendaban los médicos) y salió a la calle.

Todo estaba igual que siempre: los vehículos de costumbre transitaban las mismas calles y producían los mismos sonidos en la ciudad, que se quejaba igual todos los días. Al cruzar la plaza, casi tropezó con el profesor Exer, un viejo conocido con quien solía conversar largas horas sobre inútiles planteamientos metafísicos. Lo saludó con un gesto, pero el profesor pareció no reconocerlo. Lo llamó por su nombre pero ya se había alejado, y Sinclair pensó que no había llegado a oírle. El día había empezado mal y parecía que empeoraba con las amenazas de aburrimiento que flotaban en su ánimo. Decidió volver a casa, a la lectura y la investigación, para esperar las cartas que con seguridad llegarían aumentadas para compensar las no recibidas antes.

Esa noche el hombre no durmió bien y se despertó muy temprano. Bajó, y mientras desayunaba comenzó a espiar por la ventana esperando la llegada del cartero. Por fin lo vio doblar la esquina y su corazón dio un salto. Sin embargo, el cartero pasó frente a su casa sin detenerse. Sinclair salió y lo llamó para confirmar que no había cartas para él, pero el cartero le aseguró que nada había en su saco para ese domicilio y le confirmó que no había ninguna huelga de correos ni problemas en la distribución de cartas de la ciudad.

Lejos de tranquilizarlo, esto le preocupó todavía más. Algo estaba pasando y tenía que averiguar de qué se trataba. Se puso una chaqueta y se dirigió a casa de su amigo Mario.

Apenas llegó, se hizo anunciar por el mayordomo y esperó en la sala de estar a su amigo, que no tardó en aparecer. Sinclair avanzó al encuentro del dueño de la casa con los brazos extendidos, pero éste se limitó a preguntar: «Perdón, señor, ¿nos conocemos?».

El hombre creyó que era una broma y rió forzadamente presionando al otro para que le sirviera una copa. El resultado fue terrible: el dueño de la casa llamó al mayordomo y le ordenó echar a la calle al extraño, que ante tal situación se descontroló y empezó a gritar y a insultar, dando aún más motivos al fornido empleado para que lo empujara con violencia a la calle...

Camino de su casa, se cruzó con otros vecinos que lo ignoraron o actuaron con él como si fuera un extraño.

Una idea se había apoderado de su mente: había una confabulación en su contra, y él había cometido una extraña falta contra aquella sociedad, dado que ahora lo rechazaba tanto como algunas horas antes lo valoraba. No obstante, por más que pensaba, no podía recordar ningún hecho que pudiera haber sido tomado como ofensa, y menos aún alguno que involucrara a toda una ciudad.

Durante dos días más, se quedó en casa esperando correspondencia que no llegó, o anhelando la visita de alguno de sus amigos que, extrañado por su ausencia, tocara a su puerta para saber de él. Pero no pasó nada: nadie se acercó a su casa. La señora de la limpieza faltó sin avisar y el teléfono dejó de funcionar.

Entonado por una copita de más, la quinta noche Sinclair decidió ir al bar donde siempre se reunía con sus amigos para comentar las tonterías cotidianas. Apenas entró, los vio como siempre en la mesa del rincón que solían elegir. El gordo Hans contaba el mismo viejo chiste de siempre y todos lo festejaban como de costumbre. El hombre acercó una silla y se sentó. De inmediato se hizo un lapidario silencio que denotaba lo indeseable que les parecía a todos el recién llegado. Sinclair no aguantó más.

—¿Se puede saber qué os pasa a todos conmigo? Si hice algo que os molestó, decídmelo y acabemos con esto, pero no me tratéis así porque me estoy volviendo loco.

Los demás se miraron unos a otros, entre divertidos y fastidiados. Uno de ellos hizo girar su dedo índice sobre su sien, diagnosticando al recién llegado. El hombre volvió a pedir una explicación, después la suplicó y, por último, cayó al suelo implorando que le explicaran por qué le estaban haciendo aquello.

Sólo uno de ellos quiso dirigirle la palabra.

—Señor, ninguno de nosotros le conoce, así que no nos ha hecho nada. De hecho, ni siquiera sabemos quién es usted.

Las lágrimas empezaron a brotar de sus ojos y salió del local, arrastrando su humanidad hasta su casa. Parecía que cada uno de sus pies pesaba una tonelada.

Ya en su cuarto, se tiró sobre la cama. Sin saber cómo ni por qué, había pasado a ser un desconocido, un ausente. Ya no existía en las agendas de sus corresponsales ni en el recuerdo de sus conocidos, y menos aún en el afecto de sus amigos. En su mente aparecía un pensamiento, como un martilleo: la pregunta que los demás le hacían y que él mismo empezaba a hacerse: «¿Quién eres?».

¿Sabía él realmente contestar esta pregunta? Él conocía su nombre, su domicilio, la talla de su camisa, su número de documento de identidad y algunos otros datos que lo definían para los demás. Pero fuera de eso, ¿quién era verdadera, interna y profundamente? Aquellos gustos y actitudes, aquellas inclinaciones e ideas, ¿eran suyos verdaderamente? ¿O eran como tantas otras cosas, un intento de no defraudar a quienes esperaban que él fuera quien había sido? Algo empezaba a estar claro: ser un desconocido lo liberaba de tener que ser de una manera determinada. Fuera como fuera, nada cambiaría en la respuesta de los demás hacia él. Por primera vez en muchos días, descubrió algo que lo tranquilizó: esto lo ponía en una situación que le permitía actuar como quisiera sin buscar la aprobación del mundo.

Respiró hondo y sintió el aire como si fuera nuevo, entrando en sus pulmones. Se dio cuenta de que la sangre le fluía por las venas, percibió el latido de su corazón y se sorprendió de que, por primera vez,

NO TEMBLABA.

Ahora que, por fin, sabía que estaba solo, que siempre lo había estado, que sólo se tenía a sí mismo, ahora, podía reír o llorar... Pero por él, y no por los demás. Ahora, por fin, lo sabía:

SU PROPIA EXISTENCIA NO DEPENDÍA DE LOS DEMÁS.

Había descubierto que le había sido necesario estar solo para poder encontrarse consigo mismo...

Se durmió tranquila y profundamente y tuvo hermosos sueños. Despertó a las diez de la mañana, descubriendo que un rayo de sol entraba a esa hora por la ventana e iluminaba su cuarto de manera maravillosa.

Sin bañarse, bajó las escaleras tarareando una canción que nunca había escuchado y encontró algo debajo de su puerta: una enorme cantidad de cartas dirigidas a él.

La señora de la limpieza estaba en la cocina y lo saludó como si nada hubiera sucedido.

Y por la noche, en el bar, parecía que nadie recordaba aquella extraña noche de locura. Al menos nadie se dignó a hacer ningún comentario al respecto.

Todo había vuelto a la normalidad... salvo él,

por suerte,

él,

que nunca más tendría que rogarle a nadie que lo mirara para poder saber que estaba vivo,

él,

que nunca más tendría que pedirle al exterior que lo definiera,

él,

que nunca más sentiría miedo al rechazo.

Todo era igual,

salvo que aquel hombre

jamás olvidaría quién era.

—Y este es tu cuento, Demián —siguió el gordo—. Cuando no eres consciente de tu dependencia respecto a la mirada de los demás, vives temblando frente al posible abandono de los otros que, como todos, aprendiste a temer.

Y el precio para no temer es acatar, es ser lo que los demás, «que tanto nos quieren», nos presionan a ser, nos presionan a hacer y nos presionan a pensar.

Si tienes «la suerte» del personaje de Papini, y el mundo, en algún momento, te da la espalda, no tendrás más remedio que darte cuenta de lo estéril de tu lucha.

Pero si no sucede así,
si tienes la «desdicha» de ser aceptado y halagado,
entonces...
estás abandonado a tu propia conciencia de
libertad,
estás forzado a decidir:
acatamiento o soledad;
*estás atrapado entre ser lo que **debes ser***
*o **no ser nada** para nadie.*
Y a partir de entonces...
*podrás **ser**,*
pero sólo solo, y sólo para ti.

El cruce del río

—¡Tengo un cabreo...!

—¿Qué te pasa?

—Pues mira: que de aquí tengo que ir a casa de un compañero a llevarle unos apuntes que necesita... y vive muy lejos.

—Mira, Demián...

—Sí, ya sé —lo interrumpí—, me vas a decir que yo no «tengo que» nada, que lo hago porque yo quiero, que yo lo elijo y todo eso... ya lo sé.

—Claro, tú lo eliges.

—Sí, lo elijo. Pero siento que es mi obligación.

—Muy bien. Yo no cuestiono que tú te sientas obligado, ni cuestiono por qué te sientes obligado. Lo que cuestiono, en todo caso, es que ni tú sepas por qué te sientes obligado.

—Yo sé por qué me siento obligado: Juan es un tío fenomenal y cada vez que yo necesito algo, él está ahí para ayudarme. A mí me parece que no me puedo negar.

—Mira, poder, puedes. En todo caso, lo que sucede es que...

—... que me preocupa qué pensaría Juan de mí.

—No, aún peor. Te preocupa qué pensarías tú de ti.

—¿Yo? Me sentiría un indeseable.

—Independientemente de lo que fueras o no si no le llevaras los apuntes, ¿no te estás sintiendo ya un indeseable por el sólo hecho de tener pereza de ir?

—Sí, supongo que sí.

—Aquí está el problema de los sentimientos de culpabilidad. ¿Ves? La humanidad sufre y se fastidia la vida porque durante doce horas diarias se siente culpable de ser como es... Y las otras doce horas le fastidia la vida a otro diciéndole lo que tiene que hacer.

—¡Ah! Ahora sí que ya no sé nada.

—Quizá sea lo mejor. Quizá sin saber nada haya más para aprender.

Los momentos en que Jorge se ponía entre filosófico e irónico y yo no sabía si me lo decía a mí o estaba meditando en mi presencia sobre el futuro de la humanidad, eran los más difíciles de soportar.

Lo hiciera por lo que lo hiciera, por él, por mí o por la ciencia, lo cierto es que aún sabiendo que más tarde todo esto me serviría, yo sentía que me quería ir. No quería más: ni terapia, ni crecimiento, ni nada. Me quería ir...

Lo único que me retenía era el recuerdo de que alguna vez lo hice y al final todo había resultado peor, porque me había llevado la confusión conmigo y no había podido hacer nada hasta no terminar con ella.

Este cuento me lo contó aquel día, pero en cada uno de esos momentos venía a mi memoria, para recordarme la importancia de no dejar las cosas a medias y de los peligros de ocupar la mente con cosas no resueltas.

Había una vez dos monjes zen que caminaban por el bosque de regreso al monasterio. Cuando llegaron al río, vieron a una mujer que lloraba en cuclillas cerca de la orilla. Era joven y atractiva.

—¿Qué te sucede? —le preguntó el más anciano.

—Mi madre se muere. Está sola en casa, al otro lado del río, y yo no puedo cruzar. Lo intenté —siguió la joven—, pero la corriente me arrastra y no podré llegar nunca al otro lado sin ayuda... Pensé que no la volvería a ver con vida. Pero ahora... Ahora que habéis aparecido vosotros, alguno de los dos podrá ayudarme a cruzar...

—Ojalá pudiéramos —se lamentó el más joven—. Pero la única manera de ayudarte sería cargarte a través del río y nuestros votos de castidad nos impiden todo contacto con el sexo opuesto. Lo tenemos prohibido... Lo siento.

—Yo también lo siento —dijo la mujer. Y siguió llorando.

El monje más viejo se arrodilló, bajó la cabeza y dijo: «Sube».

La mujer no podía creerlo, pero con rapidez tomó su hatillo de ropa y subió a horcajadas sobre el monje.

Con bastante dificultad, el monje cruzó el río, seguido por el joven.

Al llegar al otro lado, la mujer descendió y se acercó al anciano monje con intención de besar sus manos.

—Está bien, está bien —dijo el viejo retirando sus manos—, sigue tu camino.

La mujer se inclinó con gratitud y humildad, recogió sus ropas y corrió por el camino hacia el pueblo.

Los monjes, sin decir palabra, retomaron su marcha al monasterio. Aún les quedaban diez horas de caminata...

Poco antes de llegar, el joven le dijo al anciano: «Maestro, vos sabéis mejor que yo de nuestro voto de abstinencia. No obstante, cargásteis sobre vuestros hombros a aquella mujer a través de todo lo ancho del río».

—Yo la llevé a través del río, es cierto. Pero, ¿qué te pasa a ti que todavía la cargas sobre tus hombros?

Regalos para el maharajá

—Mira, Demián: sería fantástico que llevaras los apuntes a tu amigo; sería ideal que además sintieras placer al hacerlo; sería razonable que lo hicieras sin emoción alguna pero, ¿poniéndote de malhumor? ¡Yo no creo que Juan pueda aprobar esa materia estudiando esos apuntes!

—¿Eso qué tiene que ver?

—Nada, es una broma. Pensaba en «el mal rollo», como decís vosotros.

—No sé por qué me te pones tan plasta, si ya te he dicho que se los voy a llevar.

—Me pongo plasta para que te des cuenta de cómo llegas a esas situaciones. ¿Te cuento un cuento?

Una vez, un maharajá que tenía fama de ser muy sabio, cumplió cien años. El acontecimiento fue recibido con gran alegría, ya que todos querían mucho a su gobernante. En el palacio se organizó una gran fiesta para aquella noche y fueron invitados poderosos señores del reino y de otros países.

Llegó el día, y una montaña de regalos se amontonó en la

entrada del salón, donde el maharajá iba a saludar a sus invitados.

Durante la cena, el maharajá pidió a sus sirvientes que separaran los regalos en dos grupos: los que tenían remitente y los que no se sabía quién los había enviado.

A los postres, el rey mandó traer todos los regalos en dos montones. Uno de cientos de grandes y costosos regalos, y otro más pequeño, con sólo una decena de presentes.

El maharajá empezó a abrir los regalos del primer montón y fue llamando a quien se los había enviado. A cada uno, lo hacía subir al trono y le decía: «Te agradezco tu regalo, te lo devuelvo y estamos como antes». Y le devolvía el regalo, sin importar qué fuera.

Cuando terminó con el primer montón, se acercó a la segunda montaña de regalos y dijo: «Estos regalos no tienen remitente. Estos sí los voy a aceptar porque no me obligan a nada y, a mi edad, no es bueno contraer deudas».

—Cada vez que recibas algo, Demián, puede estar en tu ánimo o en el del otro transformar ese dar en una deuda. Si fuera así, sería mejor no recibir nada.

Pero si eres capaz de dar sin esperar pagos y de recibir sin sentir obligaciones, entonces puedes dar o no, recibir o no, pero **jamás quedarás endeudado**. Y, lo más importante: nunca más nadie dejará de pagarte lo que te debe, porque jamás nadie te deberá nada.

Cuando Jorge terminó de hablar, mi malhumor había desaparecido. Me di cuenta de que no tenía obligación de llevarle los apuntes a mi amigo. Me di cuenta de que Juan me había prestado su ayuda sin esperar nada a cambio. Y aún más: si lo había hecho para que yo le debiera algo, era un mezquino y yo no quería hacerle favores. De ese modo, no debía nada y podía hacer lo que quisiera.

Así que le di un beso a Jorge y me fui a llevarle los apuntes a Juan.

A veces, me volvía a preguntar si las bases filosóficas de la Gestalt no eran demasiado egoístas.

Aparentemente, la ideología daba tanta libertad que cualquier persona podría decidir joder al resto de la humanidad, y según ellos, estaría bien. Una persona podría vivir mirándose el ombligo, y no habría ningún problema.

Parecía, en fin, que los valores positivos de nuestra educación no eran considerados valores por la Gestalt.

Así que le pregunté al gordo.

—Es verdad —me dijo—, a veces parece que sea así.

—¿Y no es así?

—Sí. Es así... Por eso parece que sea así.

—¡Qué gracioso...!

—No, en serio, es así. En todo caso, la Gestalt no sé. Pero yo, yo sí creo que cada uno debe ser como es, aunque ese «como es» sea una mierda.

—¿Tú prefieres vivir entre la mierda?

—No, pero imagínate qué pasaría si cada uno viviera como es. Exactamente fiel a como es...

Yo creo que pasaría lo siguiente: Los que son una mierda, seguirían siéndolo y el cambio no les aportaría nada. Pero los que actúan como mierda, sólo porque viven esforzándose por mejorar, esos se volverían gente muy agradable... Y por si fuera poco, los bondadosos de corazón dejarían de cuestionarse y tendrían mucho tiempo libre para hacer las cosas bien.

—Pero al final es lo mismo.

—No, no lo es. La educación que nos han dado dice que hay que aprender a ser solidario. Yo creo que a la solidaridad hay que dejarla salir.

—¿Y si educamos a la gente para que la deje salir?

—Quizá sería útil, pero sin forzar a nadie a ser solidario. Eso es empujar al río para que fluya... Y no me cuadra.

—Pero entonces existen mejores y peores personas. Existen el egoísmo y la solidaridad, el bien y el mal.

—Es probable, pero prefiero pensar que existen diferentes alturas de vuelo. Prefiero pensar que vamos por el mundo caminando y caminando. Que hay unas pocas personas que vuelan, como los maestros; que hay algunas, menos aún, que vuelan muy alto, como los sabios; y que hay también, qué pena, quienes se arrastran. Son los que ni siquiera tienen altura para levantar su cabeza del suelo: son los que tú y yo llamamos malas personas.

Incluso admitiendo que no todos tenemos alas, yo creo que cada uno puede aceptar su propio camino, o intentar crecer para ganar altura. Pero la locura existe y hay algunos que, en lugar de alzar el vuelo, dedican su esfuerzo a trepar para parecer más altos; y quienes, aunque suene increíble, viven enterrándose aún más y más abajo buscando no sé qué respuestas.

—En todo caso, me parece que todo depende de lo elevado del objetivo.

—No sé. ¿Te cuento un cuento?

Buda peregrinaba por el mundo para encontrarse con aquellos que se llamaban a sí mismos sus discípulos y hablarles acerca de la Verdad.

A su paso, la gente que creía en sus palabras llegaba a centenares para escucharle, tocarle o verle, seguramente por una única vez en sus vidas.

Cuatro monjes que supieron que Buda estaría en la ciudad de Vaali, cargaron sus cosas en sus mulas y emprendieron el viaje que duraría, si todo iba bien, varias semanas.

Uno de ellos conocía poco la ruta a Vaali y seguía a los otros en el camino.

Después de tres días de marcha les sorprendió una gran tormenta. Los monjes apresuraron su paso y llegaron a un pueblo, donde buscaron refugio hasta que pasara la tormenta.

Pero el último no llegó al poblado y tuvo que pedir refugio en casa de un pastor, en las afueras. El pastor le dio abrigo, techo y comida para pasar la noche.

A la mañana siguiente, cuando el monje esta preparado para partir, fue a despedirse del pastor. Al acercarse al corral, vio que la tormenta había espantado a las ovejas y que el pastor estaba tratando de reunirlas.

El monje pensó que sus cofrades estarían ya saliendo del pueblo, y que si no se iba pronto, se alejaría demasiado de ellos. Pero él no podía seguir su camino dejando al pastor a su suerte después de que le hubiera dado cobijo. Por ello decidió quedarse con él hasta que hubieran conseguido reunir de nuevo al ganado.

Así pasaron tres días, tras los cuales se puso en camino aligerando el paso para intentar alcanzar a sus compañeros.

Siguiendo las huellas de los demás, paró en una granja a repostar su provisión de agua.

Una mujer le indicó dónde estaba el pozo y se disculpó por

no poder ayudarlo, ya que debía seguir trabajando en su cosecha... Mientras el monje abrevaba a sus mulas y cargaba sus odres con agua, la mujer le contó que, tras la muerte de su marido, les resultaba muy difícil a ella y a sus pequeños hijos recoger toda la cosecha antes de que se perdiera.

El hombre se dio cuenta de que la mujer nunca llegaría a recoger la cosecha a tiempo, pero también sabía que si se quedaba perdería el rastro y no podría estar en Vaali cuando Buda llegara a la ciudad.

Lo veré unos días después, pensó, sabiendo que Buda se quedaría unas semanas en Vaali.

La cosecha llevó tres semanas y, en cuanto terminó la tarea, el monje reanudó su marcha.

Por el camino se enteró de que Buda ya no estaba en Vaali, y que había partido hacia un pueblo más al Norte.

El monje cambió su rumbo y se dirigió hacia el nuevo poblado.

Podría haber llegado aunque sólo hubiera sido para verlo, pero por el camino tuvo que salvar a una pareja de ancianos de ser arrastrados corriente abajo, y sin su ayuda no hubieran podido escapar de una muerte segura. Cuando los ancianos estuvieron recuperados volvió a emprender la marcha sabiendo que Buda seguía su camino...

Veinte años pasó el monje siguiendo el camino de Buda... Cada vez que se acercaba, sucedía algo que retrasaba su viaje. Siempre había alguien que le necesitaba y, sin saberlo, evitaba que el monje llegara a tiempo.

Finalmente, se enteró de que Buda había decidido ir a morir a su ciudad natal.

—Esta vez —dijo para sí—, es mi última oportunidad. Si no quiero morir sin haber visto a Buda, no puedo distraer mi camino. Nada es más importante ahora que ver a Buda antes de que muera. Ya habrá tiempo para ayudar a los demás después.

Y, con su última mula y sus escasas provisiones, retomó el camino.

La víspera de llegar al pueblo casi tropezó con un ciervo herido en medio del camino. Lo auxilió, le dio de beber y cubrió sus heridas con barro fresco. El ciervo boqueaba tratando de respirar, ya que cada vez le faltaba más el aire.

—Alguien debería quedarse con él —pensó—, para que yo pueda seguir mi camino.

Pero no había nadie a la vista.

Con mucha ternura, acomodó al animal contra unas rocas para seguir su marcha, le dejó agua y comida al alcance del hocico y se levantó para irse.

Sólo llegó a dar dos pasos cuando, inmediatamente, se dio cuenta de que no podía presentarse ante Buda sabiendo, en lo más profundo de su corazón, que había dejado solo a un indefenso moribundo...

Así que descargó la mula y se quedó a cuidar al animalito. Durante toda la noche veló su sueño como si cuidara de un hijo. Le dio de beber en la boca y cambió paños sobre su frente.

Hacia el amanecer, el ciervo se había recuperado.

El monje se levantó, se sentó en un lugar retirado y lloró... Finalmente, había perdido también su última oportunidad.

—Ya nunca podré encontrarte —dijo en voz alta.

—No sigas buscándome —le dijo una voz que venía de detrás suyo— porque ya me has encontrado.

El monje se dio la vuelta y vio cómo el ciervo se llenaba de luz y tomaba la redondeada forma de Buda.

—Me hubieras perdido si me hubieras dejado morir esta noche para ir a mi encuentro en el pueblo... Y, respecto a mi muerte, no te inquietes: el Buda no puede morir mientras haya personas como tú, que son capaces de seguir mi camino durante años, sacrificando sus deseos por las necesidades de otros. Eso es el Buda. El Buda está en ti.

—Creo que lo entiendo. Un objetivo supuestamente elevado puede ser un incentivo para levantar el vuelo, pero puede también servir para justificar a los que se arrastran.

—Eso es, Demián, eso es.

El leñador tenaz

—No sé qué pasa, gordo. En la facultad no me va como a mí me gustaría.

—¿Qué quiere decir eso?

—Que mi rendimiento va bajando «sin prisa pero sin pausa», desde que empezó el año. Mis calificaciones son siempre sietes y ochos, a veces algún nueve. Pero en los últimos exámenes no he podido pasar de un seis. No sé, no rindo, no me puedo concentrar, no tengo ganas.

—Bueno, Demián, también tienes que tener en cuenta que estamos a finales de año. Quizá necesites un descanso.

—Pienso tomarme un descanso, pero todavía faltan dos meses para fin de año, y antes de eso es imposible. No puedo parar para tomarme unas vacaciones.

—A veces me parece que la civilización ha conseguido volvernos locos a todos. Dormimos de doce a ocho, comemos de doce a una, cenamos de nueve a diez... En realidad, nuestras actividades las decide el reloj, no nuestras ganas. A mí me parece que para algunas cosas es imprescindible cierto grado de orden, pero para otras es absolutamente incomprensible obedecer el orden preestablecido.

—Como quieras, pero yo ahora no puedo parar.

—Pero siguiendo, me dices que tu rendimiento disminuye.

—¡Debe haber otra forma!

Había una vez un leñador que se presentó a trabajar en una maderera. El sueldo era bueno y las condiciones de trabajo mejores aún, así que el leñador se propuso hacer un buen papel.

El primer día se presentó al capataz, que le dio un hacha y le asignó una zona del bosque.

El hombre, entusiasmado, salió al bosque a talar.

En un solo día cortó dieciocho árboles.

—Te felicito —le dijo el capataz—. Sigue así.

Animado por las palabras del capataz, el leñador se decidió a mejorar su propio trabajo al día siguiente. Así que esa noche se acostó bien temprano.

A la mañana siguiente, se levantó antes que nadie y se fue al bosque.

A pesar de todo su empeño, no consiguió cortar más de quince árboles.

—Debo estar cansado —pensó. Y decidió acostarse con la puesta de sol.

Al amanecer, se levantó decidido a batir su marca de dieciocho árboles. Sin embargo, ese día no llegó ni a la mitad.

Al día siguiente fueron siete, luego cinco, y el último día estuvo toda la tarde tratando de talar su segundo árbol.

Inquieto por lo que diría el capataz, el leñador fue a contarle lo que le estaba pasando y a jurarle y perjurarle que se estaba esforzando hasta los límites del desfallecimiento.

El capataz le preguntó: «¿Cuándo afilaste tu hacha por última vez?».

—¿Afilar? No he tenido tiempo para afilar: he estado demasiado ocupado talando árboles.

—¿De qué sirve, Demián, empezar con un enorme esfuerzo que pronto se volverá insuficiente? Cuando me esfuerzo, el tiempo de recuperación nunca es suficiente para optimizar mi rendimiento.

Descansar, cambiar de ocupación, hacer otras cosas, es muchas veces una manera de afilar nuestras herramientas. Seguir haciendo algo a la fuerza, en cambio, es un vano intento de reemplazar con voluntad la incapacidad de un individuo en un momento determinado.

La gallina y los patitos

Discutía a menudo con mis padres. Me sentía totalmente incomprendido.

Me parecía imposible no poder entenderme con ellos. Sobre todo con mi padre.

Siempre había creído que mi padre era un hombre fantástico, y en aquella época lo seguía creyendo. Pero él se comportaba como si creyera que yo era un idiota. Todo lo que hacía le parecía mal, inútil, peligroso o inadecuado. Y cuando intentaba explicárselo era aún peor: no había dos ideas que pudiéramos compartir.

—... y me resisto a creer que mi padre se ha vuelto estúpido.

—Bueno, no creo que se haya vuelto estúpido.

—Pero te aseguro, gordo, que se porta como si fuera idiota. Como si se aferrara a posturas obtusas y pasadas de moda. Mi padre no es una persona tan mayor como para no entender a los jóvenes... Decididamente es muy extraño.

—¿Cuento?

—Cuento.

Había una vez una pata que había puesto cuatro huevos. Mientras los empollaba, un zorro atacó el nido y la mató. Pero, por alguna razón, no llegó a comerse los huevos antes de huir, y estos quedaron abandonados en el nido.

Una gallina clueca pasó por allí y encontró el nido descuidado. Su instinto la hizo sentarse sobre los huevos para empollarlos.

Poco después nacieron los patitos y, como era lógico, tomaron a la gallina por su madre y caminaban en fila detrás de ella. La gallina, contenta con su nueva cría, los llevó a la granja.

Todas las mañanas, después del canto del gallo, mamá gallina rascaba el suelo y los patos se esforzaban por imitarla. Cuando los patitos no conseguían arrancar de la tierra ni un mísero gusano, la mamá proveía de alimento a todos los polluelos, partía cada lombriz en pedazos y alimentaba a sus hijos dándoles de comer en el pico.

Un día como otros, la gallina salió a pasear con su nidada por los alrededores de la granja. Sus pollitos, disciplinadamente, la seguían en fila.

Pero de pronto, al llegar al lago, los patitos se zambulleron de un salto en la laguna, con toda naturalidad, mientras la gallina cacareaba desesperada pidiéndoles que salieran del agua.

Los patitos nadaban alegres, chapoteando, y su mamá saltaba y lloraba temiendo que se ahogaran.

El gallo apareció atraído por los gritos de la madre y se percató de la situación.

—No se puede confiar en los jóvenes —fue su sentencia—. Son unos imprudentes.

Uno de los patitos, que escuchó al gallo, se acercó a la orilla y les dijo: «No nos culpéis a nosotros por vuestras propias limitaciones».

—No pienses, Demián, que la gallina estaba equivocada.
No juzgues tampoco al gallo.
No creas a los patos prepotentes y desafiantes.
Ninguno de estos personajes está equivocado. Lo que sucede es que ven la realidad desde posiciones distintas.
El único error,
casi siempre,
es creer que la posición en que estoy
es la única desde la cual se divisa la verdad.

El sordo siempre cree que los que bailan están locos.

POBRES OVEJAS

Me quedé pensando en el tema de las relaciones entre padres e hijos.

¡El gordo tenía razón! Cada generación ve las cosas desde su propio y único punto de vista. Nosotros y ellos, como en otro tiempo ellos y los abuelos, nos enfrentamos porque no podemos siquiera ponernos de acuerdo en una misma realidad.

—He hablado con mis padres, ¿sabes?

—¿Ah sí?

—Les conté el cuento de la gallina.

—¿Y?

—Al principio, reaccionaron exactamente como yo había pensado que lo harían. Mi madre diciendo que no entendía la relación, y mi padre diciendo que no estaba de acuerdo. Pero después nos quedamos callados un largo rato, y al final ya no estábamos tan en desacuerdo.

—Pudiste, por fin, acordar desacuerdos.

—Sí, es como tú dices. Ponerse de acuerdo cuando estamos de acuerdo es fácil. Lo difícil es ponerse de acuerdo en que no estamos de acuerdo. Pero eso es lo que pasó.

—¡Qué bien!

—A pesar de todo, al final mi padre aclaró que él cree que tiene prioridad de opinión por su edad, por su experiencia y porque hay peligros en la vida a los que todavía no estamos en condiciones de enfrentarnos sin ellos, y todo el rollo.

—¿Y tú qué crees?

—Que no es cierto. Que yo podría enfrentarme con casi todas las cosas.

—¿Y con otras?

—Con otras creo que no.

—Entonces, tu padre tiene razón. Hay «peligros» para los cuales todavía los necesitas.

—Bueno, sí.

—Este planteamiento te deja en desventaja, ¿eh?

—Sí, pero es verdad.

—¡Es verdad! Ahora falta saber si es toda la verdad.

—¿Cómo?

—Escucha...

Había una vez una familia de pastores. Tenían todas las ovejas juntas en un solo corral. Las alimentaban, las cuidaban y las paseaban.

De vez en cuando, las ovejas trataban de escapar.

Aparecía entonces el más viejo de los pastores y les decía: «Vosotras, ovejas inconscientes y soberbias no sabéis que, fuera, el valle está lleno de peligros. Solamente aquí podréis tener agua, alimentos y, sobre todo, protección contra los lobos».

En general, eso bastaba para frenar los «aires de libertad» de las ovejas.

Un día nació una oveja diferente. Digamos que era una oveja negra. Tenía espíritu rebelde y animaba a sus compañeras a huir hacia la libertad de la pradera.

Las visitas del viejo pastor para convencer a las ovejas de los peligros exteriores se hicieron cada vez más frecuentes. No obstante, las ovejas estaban inquietas y cada vez que se las sacaba del corral, daba más trabajo reunirlas de nuevo.

Hasta que, una noche, la oveja negra las convenció y huyeron.

Los pastores no notaron nada hasta el amanecer, cuando vieron el corral roto y vacío.

Todos juntos fueron a llorarle al anciano jefe de familia.

—¡Se han ido, se han ido!

—Pobrecitas...

—¿Y el hambre?

—¿Y la sed?

—¿Y el lobo?

—¿Qué será de ellas sin nosotros?

El anciano tosió, aspiró su pipa y dijo: «Es verdad, ¿qué sera de ellas sin nosotros? Y lo que es peor...

...¿Qué será de nosotros sin ellas?».

La olla embarazada

—¿Cómo va todo con tus padres?

—Con altibajos —contesté—. Hay momentos en que nos entendemos muchísimo, y cada uno puede ponerse en el lugar del otro, pero hay otros en que no hay manera. Nada que hacer.

—Bueno, Demián. Supongo que eso te va a pasar con todo el mundo durante el resto de tu vida.

—Sí, pero con los padres, de alguna manera, es diferente. Ellos son mis padres...

—Sí, son tus padres. Pero, ¿en qué sentido dices que esto es diferente?

—Ellos tienen un determinado poder por ser mis padres.

—¿Qué poder?

—Poder sobre mí.

—Tú ya eres un adulto, Demián. Y como tal, nadie tiene poder sobre ti. Nadie. Por lo menos, nadie tiene más poder que el que tú le des.

—Yo no les doy nada.

—Parece ser que sí.

—Pero la casa es de ellos, me dan de comer, me compran

ropa, pagan algo de la facultad, mi madre me hace la colada, hace mi cama... Eso algún derecho les da.

—¿Tú no trabajas?

—Sí, claro que trabajo.

—¿Y entonces? Yo puedo entender que vivas en esa casa, si no te puedes permitir económicamente un apartamento para ti. Pero en todo lo demás, yo creo que si de verdad quieres luchar por tu independencia, hay cosas que podrías hacer solo.

—¿De qué vas? ¿Ya me estás tratando como si fuera un inútil, igual que mi madre? ¡Como si lo más importante del mundo fuera aprender a hacerse la cama antes de hacer otras cosas!

—No, supongo que no, pero tú eres el que reclama libertad e independencia.

—Yo no quiero libertad e independencia para cocinarme mi comida, hacerme la cama o lavarme la ropa. La quiero para no tener que pedir permisos, para sentirme con derecho a contar lo que quiero y callarme el resto.

—Quizá, Demián, estos dos grupos de «libertades» sean interdependientes.

—Yo no quiero dejar de ver a mis padres.

—No, claro que no, pero tú reclamas algunos derechos recortados de tu situación actual, y renuncias a una parte de las responsabilidades que devienen de esos derechos.

—Pero yo puedo elegir en qué áreas voy a independizarme antes y en qué áreas prefiero esperar un poco.

—A ver si esto te ayuda a aclararte.

Un hombre le pidió una tarde a su vecino una olla prestada. El dueño de la olla no era demasiado solidario, pero se sintió obligado a prestarla.

A los cuatro días, la olla no había sido devuelta, así que, con la excusa de necesitarla, fue a pedirle a su vecino que se la devolviera.

—Casualmente iba a subir a su casa para devolvérsela... ¡El parto fue tan difícil!

—¿Qué parto?

—El de la olla.

—¿Cómo?

—Ah, ¿no lo sabía? La olla estaba embarazada.

—¿Embarazada?

—Sí, y esa misma noche tuvo familia. Por eso tuvo que hacer reposo, pero ahora ya está recuperada.

—¿Reposo?

—Sí. Un segundo, por favor

Y, entrando en su casa, sacó la olla, una jarrita y una sartén.

—Esto no es mío. Sólo la olla.

—No, es suyo. Son las hijas de la olla. Si la olla es suya, las hijas también lo son.

El hombre pensó que su vecino estaba completamente loco. «Pero mejor que le siga la corriente», se dijo.

—Bueno, gracias.

—De nada. Adiós.

—Adiós, adiós.

Y el hombre se marchó a su casa con la jarrita, la sartén y la olla.

Esa tarde, el vecino volvió a llamar a su puerta.

—Vecino, ¿me puede prestar un destornillador y una pinza?

El hombre se sentía ahora más obligado que antes.

—Sí, claro.

Entró en casa y salió con la pinza y el destornillador.

Pasó casi una semana y, cuando ya estaba pensando en ir a recuperar sus cosas, el vecino llamó a su puerta.

—Ay, vecino, ¿usted lo sabía?

—¿El qué?

—Que el destornillador y la pinza son pareja.

—¡No me diga! —dijo el hombre con los ojos desorbitados—. No lo sabía.

—Mire, fue un descuido mío. Durante un ratito los dejé solos y se ha quedado embarazada.

—¿La pinza?

—¡La pinza! Le he traído a sus hijos.

Y, abriendo una canastilla, le entregó algunos tornillos, tuercas y clavos que, según él, había parido la pinza.

«Está totalmente loco», pensó el hombre. Pero los clavos y los tornillos siempre venían bien.

Pasaron dos días. El vecino pedigüeño apareció de nuevo.

—El otro día —le dijo—, cuando le traje la pinza, me di cuenta de que tiene usted sobre la mesa una hermosa ánfora de oro. ¿Sería tan gentil de prestármela durante una noche?

Al dueño del ánfora le tintinearon los ojos.

—Cómo no —dijo, en generosa actitud. Y entró en su casa para salir con el ánfora que le habían pedido prestada.

—Gracias, vecino.

—Adiós.

—Adiós.

Pasó aquella noche, y también la siguiente, y el dueño del ánfora no se atrevía a llamar a casa de su vecino para pedirle que se la devolviera. Sin embargo, habiendo transcurrido una semana, no pudo resistir su ansiedad y fue a reclamar el ánfora a su vecino.

—¿El ánfora? —dijo el vecino—. ¡Ah! ¿No se ha enterado?

—¿De qué?

—Murió en el parto.

—¿Cómo que murió en el parto?

—Sí, el ánfora estaba embarazada y, durante el parto, murió.

—Dígame, ¿usted cree que soy estúpido? ¿Cómo va a estar embarazada un ánfora de oro?

—Mire, vecino. Usted aceptó el embarazo y el parto de la olla. Aceptó también la boda y la descendencia del destornillador y la pinza. ¿Por qué no habría ahora de aceptar el embarazo y la muerte del ánfora?

—Tú, Demián, puedes elegir lo que quieras, pero no puedes ser independiente para lo que te resulta más fácil y agradable, y no serlo cuando te cuesta un esfuerzo.

Tu criterio, tu libertad, tu independencia y el aumento de tu responsabilidad vienen juntos con tu proceso de crecimiento. Tú decides entre ser adulto o permanecer como un niño.

La mirada del amor

—A mí me parece que mis padres se han hecho viejos y ya no están lúcidos.

—Y a mí me parece que tú los miras desde un lugar diferente.

—¿Y eso qué tiene que ver? «Lo que es, es», como tú dices.

—Te cuento.

El rey estaba enamorado de Sabrina, una mujer de baja condición a la que había convertido en su última esposa.

Una tarde, mientras el rey estaba de cacería, llegó un mensajero para avisar de que la madre de Sabrina estaba enferma. Pese a que estaba prohibido usar el carruaje personal del rey, infracción que se pagaba con la cabeza, Sabrina subió al coche y corrió junto a su madre.

A su regreso, el rey fue informado de la situación.

—¿No es maravillosa? —dijo—. Esto es verdadero amor filial. No le ha importado jugarse la vida para cuidar de su madre. ¡Es maravillosa!

Otro día, mientras Sabrina estaba sentada en el jardín del palacio comiendo fruta, llegó el rey. La princesa lo saludó y después le dio un mordisco al último melocotón que le quedaba en la cesta.

—¡Parecen buenos! —dijo el rey.

—Lo son —dijo la princesa. Y, alargando la mano, le cedió a su amado el último melocotón.

—¡Cuánto me ama! —comentó después el rey—. Renunció a su propio placer para darme el último melocotón de la cesta. ¿No es fantástica?

Pasaron algunos años y, a saber por qué, el amor y la pasión desaparecieron del corazón del rey.

Sentado junto a su amigo más íntimo, le decía: «Jamás se comportó como una reina. ¿Acaso no desafió mi prohibición utilizando mi carruaje? Es más, recuerdo que una vez me dio a comer una fruta mordida».

—La realidad es siempre la misma. Y lo que es, es. Sin embargo, como en el cuento, el hombre puede interpretar una situación de una manera o de la contraria.

Cuidado con tus percepciones, decía Badwin el sabio.

SI LO QUE VES SE AJUSTA «A MEDIDA» CON
LA REALIDAD QUE A TI MÁS TE CONVIENE...

...¡DESCONFÍA DE TUS OJOS!

Los retoños del ombú

Apenas entré, Jorge me dijo: «Tengo un cuento para contarte».

—¿Un cuento? ¿Por qué?

—No sé, me ha parecido que te vendría bien.

—Bueno —dije, confiando en él.

Era un pueblo muy pequeño.

Tan pequeño que no figuraba en los grandes mapas nacionales.

Tan pequeño que sólo tenía una plaza diminuta, y en su única plaza un único árbol.

Pero la gente amaba ese pueblo, amaba su plaza y amaba su árbol: un enorme ombú que estaba justo, justo, en el centro de la plaza. Y también en el centro de la cotidianeidad de los habitantes del pueblo: todas las tardes, a eso de las siete, después del trabajo, los hombres y las mujeres del pueblo se encontraban en la plaza, recién lavados, peinados y vestidos para dar un par de vueltas alrededor del ombú.

Durante años, los jóvenes, los padres de los jóvenes y los padres de los padres de los jóvenes, se habían cruzado diariamente bajo el ombú.

Allí se habían fraguado negocios importantes, se habían tomado decisiones relativas al municipio, se habían concertado bodas y se había recordado a los muertos, durante años y años.

Un día, algo diferente y maravilloso empezó a pasar: en una raíz lateral, saliendo de la nada, brotó una ramita verde con dos únicas hojitas apuntando al sol.

Era un retoño. El primer retoño que el ombú había dado desde que se lo conocía.

Después de la conmoción, se creó una comisión que organizó una fiesta para brindar por el acontecimiento.

Para sorpresa de los organizadores, no todos en el pueblo concurrieron al brindis. Había quienes decían que el retoño traería complicaciones.

El caso es que unos días después de aparecido el primer retoño, empezó a brotar otro. Y, en un mes, más de una veintena de ramitas verdes habían asomado de las ya grises raíces del ombú.

La alegría de unos y la indiferencia de otros iban a durar poco.

El aviso lo dio el guardia de la plaza. Algo le pasaba al viejo ombú. Sus hojas estaban más amarillentas que nunca, eran débiles y se caían con facilidad. La corteza del tronco, otrora carnosa y tierna, se había vuelto reseca y quebradiza. El guardián dio su diagnóstico.

—El ombú está enfermo.

Y quizá moriría.

Esa tarde, durante el paseo vespertino, se planteó la discusión. Algunos empezaron a decir que todo era culpa de los retoños. Sus argumentos eran concretos: todo iba bien antes de que aparecieran.

Los defensores de los retoños decían que una cosa nada

tenía que ver con la otra y que los retoños aseguraban el futuro si algo le pasaba al ombú.

Planteadas las posiciones, se formaron dos grupos claramente opuestos. Uno que ponía el acento en el viejo ombú y otro que lo ponía en los nuevos retoños.

Sin saber cómo, la discusión se volvió cada vez más acalorada y los dos grupos cada vez se distanciaron más. Llegada la noche, acordaron llevar el tema a la reunión vecinal del día siguiente para calmar los ánimos.

Pero los ánimos no se calmaron. Al día siguiente, los Defensores del Ombú, como empezaron a llamarse, dijeron que la solución del problema era volver atrás. Los retoños estaban quitándole fuerzas al viejo ombú y actuando como parásitos del árbol. Tenían, por lo tanto, que destruir los retoños.

Los Defensores de la Vida, como se había bautizado el segundo grupo, escucharon azorados, porque también ellos se habían reunido ya para encontrar una solución. Había que talar el viejo ombú, que en realidad ya había cumplido su ciclo. Lo único que hacía era quitar sol y agua a los recién nacidos. Además, era inútil defender al ombú porque, de todas formas, el viejo árbol estaba prácticamente muerto.

La discusión terminó en una pelea y la pelea en una gresca, donde no faltaron gritos, insultos y patadas. La policía disolvió el escándalo mandando a todos a sus respectivas casas.

Los Defensores del Ombú se reunieron esa noche y decidieron que la situación era desesperada, ya que sus estúpidos adversarios no iban a atender a razones y, por lo tanto, debían actuar. Armados con tijeras de podar, palas y picos, decidieron atacar: una vez destruidos los retoños, la situación a negociar sería diferente.

Llegaron a la plaza muy contentos.

Al acercarse al árbol, vieron que un grupo de personas

apilaba maderas alrededor del ombú. Eran los Defensores de la Vida, que planeaban prenderle fuego.

Ambos grupos de defensores se enzarzaron en otra discusión, pero esta vez sus manos estaban armadas de odio, resentimiento y ganas de destruir.

Varios retoños fueron pisoteados y dañados durante la pelea.

El viejo ombú también sufrió severos daños en su tronco y en sus ramas.

Más de veinte defensores de ambos bandos terminaron la noche internados en el hospital, con heridas de más o menos gravedad.

A la mañana siguiente, la plaza apareció con un panorama distinto. Los Defensores del Ombú habían levantado un cerco alrededor del árbol y lo custodiaban permanentemente cuatro personas armadas.

Los Defensores de la Vida, por su parte, habían cavado un foso y habían instalado alambre de púas alrededor de los retoños que quedaban, a fin de repeler cualquier ataque.

Entre el resto del pueblo, la situación también se había vuelto insostenible: cada grupo, en su afán por conseguir más apoyo, había politizado la situación y obligaba al resto de los habitantes a tomar posición. Quien defendía al ombú era, por tanto, enemigo de los Defensores de la Vida, y quien defendía a los retoños debía, por tanto, odiar a muerte a los Defensores del Ombú.

Finalmente, se decidió llevar la decisión ante el juez de paz, a la sazón el sacerdote de la pequeña iglesia del pueblo, que debería dar su veredicto el domingo siguiente.

Dividido el público por una cuerda, los dos bandos se agredían verbalmente. El griterío era terrible y nadie conseguía hacerse escuchar.

De pronto, se abrió la puerta y, por el pasillo, seguido de la mirada de ambos bandos, el Viejo avanzaba apoyado en su bastón.

El Viejo, que debía tener más de cien años, había fundado aquel pueblo en su juventud, había planificado sus calles, había sorteado los terrenos y, por supuesto, había plantado el árbol.

El Viejo era respetado por todos y su palabra conservaba la lucidez que le había acompañado toda su vida.

El anciano rechazó los brazos que se ofrecían para ayudarlo y, con dificultad, subió al estrado y les habló.

—¡Imbéciles! —dijo—. Os llamáis a vosotros mismos Defensores del Ombú, Defensores de la Vida... ¿Defensores? Sois incapaces de defender nada, porque vuestra única intención es hacer daño a aquellos que piensen de manera diferente.

No os dais cuenta de vuestro error y tanto unos como otros estáis equivocados.

El ombú no es una piedra. Es un ser viviente y, como tal, tiene un ciclo vital. Este ciclo incluye dar vida a los que continuarán su misión. Es decir: incluye preparar a los retoños para hacer de ellos nuevos ombúes.

Pero los retoños, estúpidos, no son sólo retoños. Por ello no podrían vivir si el ombú se muere, y la vida del ombú no tendría sentido si no fuera capaz de convertirse en una vida nueva.

Preparáos, Defensores de la Vida. Entrenaos y armaos. Pronto llegará la hora de prender fuego a la casa de vuestros padres con ellos dentro. Pronto envejecerán y empezarán a estorbar en el camino.

Preparáos, Defensores del Ombú. Practicad con los retoños. Debéis estar preparados para pisotear y matar a vuestros hijos cuando éstos quieran reemplazaros o superaros.

¡Y vosotros os llamáis «Defensores»!
Vosotros lo único que queréis es destruir...
Y no os dais cuenta de
que destruyendo
y destruyendo,
destruiréis también,
inexorablemente,
todo aquello que queréis defender.
¡Reflexionad!
No os queda mucho tiempo...

Y, dicho esto, bajó lentamente del estrado y caminó hacia la puerta entre el silencio de todos.

... Y se fue.

Jorge guardó silencio. Yo no podía evitar llorar. Me levanté y me fui, en silencio, cansado y con las ideas claras...

¡Había tanto que hacer!

El laberinto

Jorge había escrito un cuento y, porque yo se lo pedí, porque él tenía ganas o por ambas cosas, lo compartió conmigo.

Siempre le habían gustado los enigmas. Desde pequeño, se había desafiado a sí mismo a todo crucigrama, acertijo, laberinto, criptograma o problema de ingenio que se le hubiera presentado.

Con mayor o menor éxito, había dedicado gran parte de su vida y de su cerebro a resolver problemas que otros habían inventado. Por supuesto no era infalible, ya que habían pasado por sus manos muchos acertijos demasiado complicados para él.

Frente a este tipo de dilemas, Joroska siempre repetía una secuencia casi ritual: los miraba un largo rato y, de un vistazo, como experto que era, definía si el problema pertenecía o no al grupo de los irresolubles.

Si su mirada confirmaba que lo era, Joroska respiraba profundamente y, aún así, se enfrentaba a su resolución.

Empezaba entonces una etapa de frustración, ya que el análisis del ritual se convertía casi en una obsesión.

Aparecían las preguntas imposibles, los caminos sin salida, los símbolos intrincados, las palabras desconocidas y los planteamientos imprevisibles.

Hacía ya tiempo que Joroska había descubierto que necesitaba tener éxito en la vida. ¿Sería por eso que estos enigmas empezaban a aburrirle?

El caso es que, poco después de la tentativa, se aburría cósmicamente y abandonaba el problema, criticando, en el fondo de su mente, al estúpido creador de aquellos problemas que ni él podía resolver...

Creo que debido a que también se aburría con los problemas demasiado fáciles, llegó a la conclusión de que hay un enigma hecho a la medida de cada «resolvedor», y sólo uno mismo puede saber cuál es su medida.

Lo ideal tenía que ser que cada uno creara sus propios acertijos a su medida, se dijo. Pero, inmediatamente, se dio cuenta de que eso haría que el enigma perdiera interés, ya que el creador sabría la solución a medida que inventara el problema.

Un poco para jugar y un poco animado por la idea de ayudar a otros que, como él, quisieran resolver estos enigmas, comenzó a inventar problemas, juegos de palabras, de números, problemas de lógica y planteamientos de pensamiento abstracto...

Pero su obra maestra fue la construcción de un laberinto.

Un día soleado y tranquilo empezó a levantar paredes, ladrillo a ladrillo, en una de las habitaciones de su enorme casa, para construir un enorme laberinto a escala natural.

Pasaron los años. Compartía sus acertijos con amigos, revistas especializadas y algunos diarios. Pero el laberinto no salía a la luz y se trasladaba: crecía y crecía dentro de su casa.

Joroska cada vez lo hacía más complicado. Casi sin darse cuenta, el intrincado laberinto empezaba a tener cada vez más caminos sin salida.

Aquella obra se convirtió en parte de su vida. No pasaba ni un día sin que Joroska añadiera algún ladrillo, tapara una salida o prolongara una curva para hacer aún más difícil su recorrido.

Yo diría que fue veinte años después cuando en la habitación en la que había instalado el laberinto ya no quedaba espacio y el laberinto empezó, casi naturalmente, a introducirse en el resto de la casa.

Para ir del dormitorio al baño había que dar ocho pasos al frente, girar a la izquierda, dar seis pasos más, luego a la derecha, bajar tres escalones, caminar cinco pasos, doblar otra vez a la derecha, saltar un obstáculo y abrir una puerta.

Para ir a la terraza había que inclinar el cuerpo sobre la pared izquierda, rodar unos metros y subir por una escalera de soga hasta el piso superior.

Así, poco a poco, su casa se fue transformando en un gran laberinto de tamaño natural.

Al principio esto le llenó de satisfacción. Era divertido transitar por aquellos pasillos que lo conducían, a veces, a rutas sin salida, aunque fuera él quien los hubiera construido, ya que era imposible conservar todos los caminos en la memoria.

Era un laberinto a su medida.

A su medida.

A partir de aquel momento, Joroska empezó a invitar a mucha gente a su casa, a su laberinto. Pero incluso los que mostraban más interés acababan, como él con otros acertijos, aburriéndose.

Joroska se ofrecía a guiarlos por su casa, pero al cabo de un rato la gente decidía irse. Más o menos todos le decían lo mismo: «¡No se puede vivir así!».

Finalmente, Joroska no pudo soportar su eterna soledad y se mudó a una casa sin laberintos, donde pudo recibir sin problemas a la gente.

Sin embargo, cada vez que conocía a alguien que le parecía lúcido, lo llevaba a su verdadero hogar.

Al igual que aquel aviador de El principito con sus boas cerradas y sus boas abiertas, Joroska abría su laberinto a quienes le parecían merecedores de tal «distinción».

... Joroska nunca encontró a nadie que quisiera vivir con él en aquel lugar.

El círculo del noventa y nueve

—¿Por qué, gordo? ¿Por qué nunca se puede estar tranquilo?

—¿Eh?

—Claro, a veces lo pienso. La relación con Gabriela va muy bien, mucho mejor que en otros tiempos, pero no llega a ser lo que a mí me gustaría. No sé. Falta pasión, fuego o diversión. En la facultad ocurre algo parecido: voy a clase, aprendo, hago los exámenes y los apruebo. Pero no es completo. Me falta la satisfacción, el placer cotidiano de sentir que estoy estudiando lo que deseo. Y me ocurre lo mismo con el trabajo. Estoy bien y me pagan un buen sueldo, pero no lo que a mí me gustaría ganar.

—¿Y todo es así?

—Me parece que sí. Nunca puedo descansar y decir, «bueno, ahora sí, ya está todo bien». Me ocurre lo mismo con mi hermano, con mis amigos, con el dinero, con mi estado físico... Con todo lo que me interesa.

—Hace unas semanas, cuando estabas angustiado por la situación en tu casa, ¿no te ocurría esto?

—Supongo que sí, pero había otras preocupaciones mayores que ocultaban estas otras cosas. Lo de hoy, de alguna manera, es un «lujo», es lo que le daría plenitud a todo lo demás.

—Es decir que tu preocupación empieza cuando los grandes problemas desaparecen.

—Claro.

—Es decir que este problema empieza cuando no tienes problemas.

—¿Cómo?

—Claro, cuando todo mejora.

—Pues... sí.

—Dime, Demián. ¿Qué sientes al admitir que tienes un problema que empieza cuando todo mejora?

—Me siento un estúpido.

—Lo que es, es —dijo el gordo—. Hace mucho que no te cuento un cuento de un rey.

—Es verdad.

—Había una vez un rey, digamos, clásico.

—¿Qué es un rey clásico?

—Un rey clásico, en un cuento, es un rey muy poderoso, que tiene una gran fortuna, un hermoso palacio, grandes manjares a su disposición, bellas esposas y acceso a todo lo que se le ocurra. Y, a pesar de todo, no es feliz.

—Ah...

—Y cuanto más clásico es el cuento, más infeliz es el rey.

—Y este rey... ¿cuán clásico era?

—Muy clásico.

—Pobre.

Había una vez un rey muy triste que tenía un criado que, como todo criado de rey triste, era muy feliz.

Todas las mañanas despertaba al rey y le llevaba el desayuno cantando y tarareando alegres canciones de juglares. En su distendida cara se dibujaba una gran sonrisa y su actitud ante la vida era siempre serena y feliz.

Un día, el rey lo mandó llamar.

—Paje —le dijo—. ¿Cuál es el secreto?

—¿Qué secreto, majestad?

—¿Cuál es el secreto de tu alegría?

—No hay ningún secreto, majestad.

—No me mientas, paje. He ordenado cortar cabezas por ofensas menores que una mentira.

—No os miento, majestad. No guardo ningún secreto.

—¿Por qué estás siempre alegre y feliz? ¿Eh? ¿Por qué?

—Señor, no tengo razones para estar triste. Su majestad me honra permitiéndome atenderle. Tengo a mi esposa y a mis hijos viviendo en la casa que la corte nos ha asignado. Nos visten y nos alimentan y, además, su majestad me premia de vez en cuando con algunas monedas para darnos algún capricho. ¿Cómo no voy a ser feliz?

—Si no me dices tu secreto ahora mismo, te haré decapitar —dijo el rey—. Nadie puede ser feliz por las razones que me has dado.

—Pero, Majestad, no hay ningún secreto. Nada me gustaría más que complaceros, pero no hay nada que os esté ocultando.

—Vete, ¡vete antes de que llame al verdugo!

El criado sonrió, hizo una reverencia y salió de la habitación.

El rey estaba como loco. No conseguía explicarse por qué aquel paje era tan feliz viviendo de prestado, usando ropa vieja y alimentándose de las sobras de los cortesanos.

Cuando se calmó, llamó al más sabio de sus consejeros y le explicó la conversación que había mantenido aquella mañana.

—¿Por qué ese hombre es feliz?

—Ah, majestad, lo que sucede es que él está fuera del círculo.

—¿Fuera del círculo?

—Así es.

—¿Y eso lo hace feliz?

—No, señor. Eso es lo que no lo hace infeliz.

—A ver si entiendo. ¿Estar en el círculo te hace infeliz?

—Así es.

—Y él no está.

—Así es.

—¿Y cómo ha salido?

—Nunca ha entrado.

—¿Qué círculo es ese?

—El círculo del noventa y nueve.

—Realmente, no entiendo nada.

—Sólo podrías entender si me dejaras mostrártelo con hechos.

—¿Cómo?

—Dejando que tu paje entre en el círculo.

—Sí, obliguémosle a entrar.

—No, majestad. Nadie puede obligar a nadie a entrar en el círculo.

—Entonces habrá que engañarle.

—No hace falta, majestad. Si le damos la oportunidad, entrará por su propio pie.

—¿Pero él no se dará cuenta de que eso significa convertirse en una persona infeliz?

—Sí, se dará cuenta.

—Entonces no entrará.

—No lo podrá evitar.

—¿Dices que se dará cuenta de la infelicidad que le causará

entrar en ese ridículo círculo y, aún así, entrará en él y no podrá salir?

—Así es, majestad. ¿Estás dispuesto a perder un excelente sirviente para poder entender la estructura del círculo?

—Sí.

—Muy bien. Esta noche te pasaré a buscar. Debes tener preparada una bolsa de cuero con noventa y nueve monedas de oro. Ni una más ni una menos.

—¿Qué más? ¿Llevo a mis guardias por si acaso?

—Sólo la bolsa de cuero. Hasta esta noche, majestad.

—Hasta esta noche.

Así fue. Esa noche el sabio pasó a recoger al rey. Juntos llegaron a escondidas a los patios del palacio y se ocultaron junto a la casa del paje. Allí esperaron el alba.

Dentro de la casa se encendió la primera vela. El sabio ató a la bolsa de cuero un mensaje que decía:

> ESTE TESORO ES TUYO.
> ES EL PREMIO
> POR SER UN BUEN HOMBRE.
> DISFRÚTALO
> Y NO LE DIGAS A NADIE
> CÓMO LO HAS ENCONTRADO.

Después ató la bolsa a la puerta de la casa del criado, llamó y volvió a esconderse.

Cuando el paje salió, el sabio y el rey espiaban lo que ocurría desde detrás de unos matorrales.

El sirviente vio la bolsa, leyó el mensaje, agitó el saco y, al oír el sonido metálico que salía de su interior, se estremeció, apretó el tesoro contra su pecho, miró a su alrededor para comprobar que nadie le observaba y volvió a entrar en su casa.

Desde fuera se oyó cómo el criado atrancaba la puerta, y los espías se asomaron a la ventana para observar la escena.

El criado había tirado al suelo todo lo que había sobre su mesa excepto una vela. Se había sentado y había vaciado el contenido del saco. Sus ojos no podían creer lo que estaban viendo.

¡Era una montaña de monedas de oro!

Él, que nunca había tocado ninguna, tenía ahora toda una montaña.

El paje las tocaba y amontonaba. Las acariciaba y hacía que la luz de la vela brillara sobre ellas. Las juntaba y las desparramaba, haciendo pilas con ellas.

Así, jugando y jugando, empezó a hacer montones de diez monedas. Un montón de diez, dos montones de diez, tres montones, cuatro, cinco, seis... Mientras, sumaba: diez, veinte, treinta, cuarenta, cincuenta, sesenta... Hasta que formó el último montón... ¡y era de nueve monedas!

Primero su mirada recorrió la mesa, buscando una moneda más. Después miró el suelo y, finalmente, la bolsa.

«No puede ser», pensó. Puso el último montón al lado de los otros y comprobó que era más bajo.

—¡Me han robado! —gritó—. ¡Me han robado! ¡Malditos!

Volvió a buscar sobre la mesa, por el suelo, en la bolsa, en sus ropas, en sus bolsillos, debajo de los muebles... Pero no encontró lo que buscaba.

Sobre la mesa, como burlándose de él, un montoncito de monedas resplandeciente le recordaba que había noventa y nueve monedas de oro. Sólo noventa y nueve.

«Noventa y nueve monedas. Es mucho dinero», pensó. «Pero me falta una moneda. Noventa y nueve no es un número completo», pensaba. «Cien es un número completo, pero noventa y nueve no.»

El rey y su asesor miraban por la ventana. La cara del paje ya no era la misma. Tenía el ceño fruncido y los rasgos tensos. Sus ojos se habían vuelto pequeños y cerrados, y su boca mostraba un horrible rictus, a través del cual asomaban sus dientes.

El sirviente guardó las monedas en la bolsa y, mirando hacia todas partes para comprobar que no le viera nadie de la casa, escondió la bolsa entre la leña. Después tomó papel y pluma y se sentó a hacer cálculos.

¿Cuánto tiempo tendría que ahorrar el sirviente para comprar su moneda número cien?

El criado hablaba solo, en voz alta.

Estaba dispuesto a trabajar duro hasta conseguirla. Después, quizá no necesitaría volver a trabajar.

Con cien monedas de oro, un hombre puede dejar de trabajar.

Con cien monedas un hombre es rico.

Con cien monedas se puede vivir tranquilo.

Terminó su cálculo. Si trabajaba y ahorraba su salario y algún dinero extra que pudiera recibir, en once o doce años tendría lo necesario para conseguir otra moneda de oro.

«Doce años es mucho tiempo», pensó.

Quizá pudiera pedirle a su esposa que buscara trabajo en el pueblo durante un tiempo. Y, después de todo, él mismo terminaba su trabajo en el palacio a las cinco de la tarde, de manera que podría trabajar hasta la noche y recibir alguna paga extra por ello.

Hizo cuentas: sumando su trabajo en el pueblo y el de su esposa, en siete años podría reunir el dinero.

¡Era demasiado tiempo!

Quizá pudiera llevar al pueblo la comida que les sobraba todas las noches y venderla por unas monedas. De hecho, cuanto menos comieran, más cantidad podrían vender.

Vender, vender...

Estaba haciendo calor. ¿Para qué querían tanta ropa de invierno? ¿Para qué tener más de un par de zapatos?

Era un sacrificio. Pero en cuatro años de sacrificio conseguiría su moneda número cien.

El rey y el sabio volvieron al palacio.

El paje había entrado en el círculo del noventa y nueve...

Durante los meses siguientes, el sirviente siguió sus planes tal como los había concebido aquella noche. Una mañana, el paje entró en la alcoba real golpeando la puerta, refunfuñando y de malas pulgas.

—¿Qué te pasa? —preguntó el rey con buenas maneras.

—No me pasa nada, no me pasa nada.

—Antes, no hace mucho, reías y cantabas constantemente.

—Hago mi trabajo, ¿verdad? ¿Qué quiere su majestad? ¿Que sea su bufón y su juglar también?

No pasó mucho tiempo hasta que el rey despidió al sirviente. No era agradable tener un paje que siempre estaba de mal humor.

—Y hoy, cuando hablamos, recordaba este cuento del rey y el sirviente.

Tú, yo y todos nosotros hemos sido educados en esta estúpida ideología. Siempre nos falta algo para estar satisfechos, y sólo satisfecho se puede gozar de lo que se tiene.

Por lo tanto, hemos aprendido que la felicidad llegará cuando completemos lo que nos falta...

Y como siempre nos falta algo, la idea vuelve al principio y nunca se puede gozar de la vida...

Pero qué pasaría
si la iluminación llegara a nuestras vidas
y nos diéramos cuenta, así, de golpe,
de que nuestras noventa y nueve monedas
son el cien por cien del tesoro.
Que no nos falta nada,
que nadie nos ha quitado nada,
que no es más redondo el número cien
que el noventa y nueve.
Que eso es sólo una trampa,
una zanahoria que han puesto ante nosotros
para que seamos estúpidos,
para que tiremos del carro,
cansados, malhumorados,
infelices y resignados.
Una trampa para que nunca dejemos de empujar
y para que todo siga igual.
¡Eternamente igual!
Cuántas cosas cambiarían
si pudiésemos disfrutar
de nuestros tesoros tal como son.

—Pero, ojo, Demián. Reconocer que en noventa y nueve hay un tesoro, no significa que debas abandonar tus objetivos. No quiere decir que tengas que conformarte con cualquier cosa.

Porque aceptar es una cosa y resignarse es otra.

Pero eso es parte de otro cuento.

El centauro

Estuve toda la semana pensando en el cuento del círculo del noventa y nueve. Había encajado algunas piezas pero, al hacerlo, otras habían quedado fuera de su lugar.

Cuando llegué a la sesión, todavía no sabía muy bien lo que me estaba ocurriendo, así que decidí no hablar del tema.

Durante toda nuestra conversación me fui por las ramas. Hablamos sobre el tiempo, las vacaciones, los coches y las mujeres.

Cuando faltaba poco para que terminara mi hora, le dije a Jorge que tenía la sensación de haber desperdiciado mi sesión, de no haberle sacado provecho.

—Recuerda, Demián, al leñador que no afilaba el hacha. Quizás una sesión ligera y hasta frívola sea una manera de afilarse.

—Con ese mismo criterio podría no haber venido.

—Seguramente podrías no haber venido. No es lo mismo, ni para ti ni para mí, pero podrías no haber venido.

—Tú eres muy especial.

—Sí, claro. Y tú también.

—Sí, ¡pero tú más!

—Bueno, acepto. Volvamos al tema de si debías venir o no. Cuando yo estudiaba medicina, tenía un profesor que impartía obstetricia. Era muy agradable y siempre dedicaba media hora después de la clase a responder preguntas.

—Profesor, ¿cuál es el mejor método anticonceptivo? —preguntó un día una de las estudiantes.

—Mire, señorita. El método anticonceptivo ideal debería ser económicamente accesible, de fácil aplicación y de absoluta seguridad... —empezó a responder el profesor.

—Pero, ¿hay algún método infalible? —preguntó un chico rubio y guapetón de la tercera fila.

—Lo más seguro, accesible económicamente y sencillo de aplicar es el «método del agua fría».

—¿Cómo es? —preguntamos varios, incluida la chica que había formulado la consulta.

—Cuando vuestra pareja os reclame para un intercambio sexual, tenéis que tomar dos o tres vasos de agua bien fría, seguidos, a pequeños sorbos.

—¿Antes o después del acto?

—Ni antes ni después —dijo el profe—. «En vez de...»

—Lo mejor para sacarle provecho a la terapia cuando te encuentras en uno de esos días «dispersos», Demián, podría ser, por ejemplo, ir al cine, cosa que te gusta mucho, encontrarte con un amigo o dormir un par de horitas. Como decía mi profesor: ni antes, ni después... sino «en vez de». Lo que te sienta bien es terapéutico.

—Claro, pero eso conlleva tener que tomar una decisión. Yo creo que la dificultad empieza justamente cuando hay que elegir.

El gordo me miró con cara de asco y yo adiviné lo que iba a decir.

—No, Jorge. No estoy diciendo que preferiría no poder elegir ni estoy renegando de mi libertad... —me defendí.

—Lo que pasa es que no quieres enfrentarte a la decisión.

—Claro que no. No quiero.

—Sin embargo, ya deberías saber que, a pesar de que los humanos somos una unidad, llevamos dentro partes diferenciadas... Unas más desarrolladas que otras, unas más esclarecidas, otras más oscuras, unas con unas necesidades y otras con otras.

—Entonces no se puede decidir nunca nada —protesté.

—Eso también es arriesgado —dijo el gordo, y se acomodó sobre un almohadón en el suelo.

Yo cogí otro almohadón y me dispuse a escuchar otro cuento.

El gordo siguió.

—Cuando mi hija tenía cinco años, mi esposa y yo comprábamos asiduamente libros de cuentos que después leíamos para ella y para su hermano antes de que se durmieran. En uno de esos libros infantiles leímos juntos un cuento que se titulaba *El centauro*. Te voy a contar este cuento porque hoy creo que lo escribieron para ti.

Había una vez un centauro que, como todos los centauros, era mitad hombre y mitad caballo.

Una tarde, mientras paseaba por el prado, sintió hambre.

—¿Qué comeré? —pensó—. ¿Una hamburguesa o un fardo de alfalfa? ¿Un fardo de alfalfa o una hamburguesa?

Y, como no pudo decidirse, se quedó sin comer.

Llegó la noche, y el centauro quiso dormir.

—¿Dónde dormiré? —pensó—. ¿En el establo o en un hotel? ¿En un hotel o en el establo?

Y, como no pudo decidirse, se quedó sin dormir.

Sin comer y sin dormir, el centauro enfermó.

—¿A quién llamaré? —pensó—. ¿A un médico o a un veterinario? ¿A un veterinario o a un médico?

Enfermo y sin poder decidir a quién llamar, el centauro murió.

La gente del pueblo se acercó al cadáver y sintió pena.

—Hay que enterrarlo —dijeron—. Pero, ¿dónde? ¿En el cementerio del pueblo o en el campo? ¿En el campo o en el cementerio?

Y, como no pudieron decidirse, llamaron a la autora del libro que, como no podía decidir por ellos, resucitó al centauro.

Y, colorín, colorado, este cuento nunca se ha sabido que haya terminado.

Dos de Diógenes

—Retomemos el tema del círculo.

—¿Sí?

—Me parece comprender la parábola del rey y el sirviente. Y lo peor es que me siento muy identificado. La verdad es que creo que cada vez que no tengo grandes complicaciones en el horizonte, empiezo a buscar qué le falta a esto o a aquello para ser perfecto. Lo digo y me parece terrible, pero no lo puedo evitar.

—La sociedad en que vivimos da señales claras de que tu postura es la que se espera que tengas.

—¿Por qué?

—Porque toda la idea de la sociedad postindustrial está basada en tener y no en ser, como diría Erich Fromm. Y para convencernos de que esto es verdad, nos han condicionado con un axioma que nos sale de manera natural, si no somos capaces de evitarlo. Es una frase que sirve a la vez como motor y como trampa.

—¿Una frase?

—Sí. La frase es:

«Qué feliz sería yo con lo que no tengo»

Y lo que no tengo no es un coche, ni una casa, ni un buen sueldo, ni una pareja. Lo que no tengo es lo-que-no-tengo, es decir, algo no posible.

Dicho de otra manera: si yo consiguiera tener lo-que-no-tengo, no me haría feliz, porque ese algo (coche, casa, novia, etc.), al tenerlo, dejaría de ser lo-que-no-tengo y, siguiendo el axioma, yo sólo puedo ser feliz teniendo lo-que-no-tengo.

—¡Pero esa trampa no tiene salida!

—No, si no puedes cambiar de axioma.

—¿Y se puede?

—Todos los mandatos y pautas educativas se pueden revisar, para ratificarlos o para rectificarlos. El precio que hay que pagar es que los valores unidos a un orden determinado se descolocan. Y nos sentimos confusos y desubicados hasta encontrar un nuevo orden acorde con nuestra nueva realidad. Pero, llegados a este punto, aparece el premio: la valoración de lo que tienes y la posibilidad de disfrutarlo a partir de lo que eres.

Dicen que Diógenes iba por las calles de Atenas vestido con harapos y durmiendo en los zaguanes.

Cuentan que, una mañana, cuando Diógenes estaba amodorrado todavía en el zaguán de la casa donde había pasado la noche, pasó por aquel lugar un acaudalado terrateniente.

—Buenos días —dijo el caballero.

—Buenos días —contestó Diógenes.

—He tenido una semana muy buena, así que he venido a darte esta bolsa de monedas.

Diógenes lo miró en silencio, sin hacer un movimiento.

—Tómalas. No hay trampa. Son mías y te las doy a ti, que sé que las necesitas más que yo.

—¿Tú tienes más? —preguntó Diógenes.

—Claro que sí —contestó el rico—, muchas más.

—¿Y no te gustaría tener más de las que tienes?

—Sí, por supuesto que me gustaría.

—Entonces guárdate estas monedas, porque tú las necesitas más que yo.

Algunos cuentan que el diálogo siguió así: «Pero tú también tienes que comer, y eso requiere dinero».

—Ya tengo una moneda —y la mostró—, y me bastará para un tazón de trigo hoy por la mañana y, quizás, algunas naranjas.

—Estoy de acuerdo. Pero también tendrás que comer mañana, y pasado mañana, y al día siguiente. ¿De dónde sacarás el dinero mañana?

—Si tú me aseguras, sin temor a equivocarte, que viviré hasta mañana, entonces quizá tome tus monedas...

OTRA VEZ LAS MONEDAS

Algo me estaba pasando debido a este tema.

Tenía la sensación de que estaba a punto de suceder algo importante y trascendente.

—Es un despertar —diagnosticó Jorge.

—¿El despertar? —pregunté.

—No, no es «el» despertar, sino «un» despertar. Lo que me cuentas me produce la sensación de que es como si estuvieras en la cama y pudieras ver a través de la ventana cómo se aclara el día. Te das cuenta de que llega el alba y notas que ya es la hora. Pero, a pesar de todo, te quedas un ratito más remoloneando en la cama.

—Ah, sí. Es lo que siento.

—Bueno, tranquilízate. Casi todos sentimos alguna vez más o menos lo mismo.

—La verdad es que me alegro mucho de no ser el único. A pesar de que, mal de muchos...

—¿Mal de muchos?

—¿No conoces el refrán? «Mal de muchos, consuelo de tontos».

—Es curiosa la pedantería de la gente. Ese refrán es muy castizo, pero en su origen era muy diferente:

—¿En serio?

—En serio. Sólo desde la soberbia se puede descalificar a los demás, acusando de tontos a los que nos sentimos mejor estando acompañados en el dolor, en lugar de sufrir solos.

—Bueno, entonces, sintiéndome menos tonto, te confieso que me alivia lo que me dices. Yo creía que era un idiota por encontrarme en esta situación.

—No, eso no es motivo para que seas idiota —ironizó el gordo.

—¡Basta! ¿Eh?

—Bueno, basta. Ojalá sepas que yo no creo que seas idiota. Ni siquiera pienso que estés confundido. Me parece que te resistes a aceptar que hay algunas áreas en las cuales has evolucionado más que en otras, y no te das cuenta de que eso es lo normal.

No crecemos por igual en todos nuestros aspectos. Se puede ser muy maduro en algunas cosas y muy poco resuelto en otras. Es lógico.

Por eso he utilizado la analogía de «un» despertar.

Despertamos a la verdad muchas, muchas, muchas veces.

Quizá sea cierto que algunos pueden atravesar «el» despertar y empezar a ver toda la verdad de golpe. Pero yo no conozco ese camino, ni a nadie que lo haya recorrido... Bueno, quizá sí. Es muy probable que Jesucristo, Buda o Mahoma despertaran.

—Pero yo no soy Jesucristo, ni Buda, ni...

—Y yo tampoco, así que mejor que no pretendamos serlo, no vaya a ser que entremos en el círculo del noventa y nueve con el despertar, en lugar de con las monedas.

—Ya que estamos. Aquel día en que me mareaste con la historia del círculo del noventa y nueve, me hiciste notar la diferencia entre aceptar y resignarse. Y después me dijiste que eso era para otro cuento. ¿Me lo cuentas hoy?

—¿Por qué no?

Había una vez, en las afueras de un pequeño pueblo, dos casas vecinas. En una vivía un afortunado y acaudalado agricultor. Estaba rodeado de sirvientes y tenía acceso a todo lo que pudiera imaginar.

En la otra, una casucha humilde, vivía un viejecito de hábitos muy austeros, que dedicaba gran parte de su tiempo a trabajar la tierra y a orar.

El viejo y el rico se cruzaban diariamente e intercambiaban algunas palabras en cada encuentro. El rico hablaba de su dinero y el viejo hablaba de su fe.

—¡La fe! —se burlaba el rico—. Si como dices, tu Dios es tan poderoso, ¿por qué no le pides que te envíe lo suficiente para no pasar las privaciones que padeces?

—Tienes razón —dijo el viejo. Y se metió en su casa.

Al día siguiente, cuando se encontraron, el viejo tenía la cara llena de felicidad.

—¿Qué te pasa, viejo?

—No me pasa nada. Pero, siguiendo tu consejo, le pedí a Dios esta mañana que me enviara cien monedas de oro.

—Ah, ¿sí?

—Sí. Le dije que, como he sido un buen hombre y he respetado sus leyes, me merecía un premio, y que yo elegía las monedas. ¿Te parece una cantidad excesiva?

—No importa qué me parezca a mí —dijo el rico, burlonamente —. Lo que importa es que no le parezca demasiado a tu Dios. Quizás él crea que mereces un premio de veinte monedas, o de cincuenta, o de ochenta, o de noventa y dos. ¿Quién sabe?

—Ah, no. Dios puede decidir si yo merezco el premio o no. Pero mi petición fue muy clara. Yo quiero cien monedas. No aceptaré veinte, ni treinta, ni noventa y dos. Yo he pedido cien y no tengo ninguna duda de que, si mi buen Dios se puede ocupar de mi petición, lo hará. Él no regateará conmigo, y yo no regatearé con Él. Cien es la petición y cien me enviará. No pienso aceptar que me mande ni una moneda menos.

—¡Ja, ja! ¡Sí que eres exigente! —dijo el hombre rico.

—Tal como Él me exige, le exigiré yo a Él —dijo el viejo.

—Yo no te creo capaz de rechazar las veinte o treinta monedas que te mande tu Dios sólo porque no son cien.

—Pues rechazaría cualquier suma inferior a cien. Sin embargo, si Dios cree que es poco y decide mandarme más, pensaría si aceptar el resto.

—¡Ja, ja! ¡Estás totalmente loco y me quieres hacer creer ese cuento de tu fe y tu determinación! ¡Ja, ja! Me gustaría verte manteniendo esa postura. ¡Ja, ja!

Y cada uno regresó a su casa.

Por alguna razón, al rico le ponía nervioso el viejo. ¡Qué caradura! ¿Cómo podía decir que no aceptaría menos de cien monedas de oro? Tenía que desenmascararlo, y lo haría esa misma tarde.

Preparó una bolsa con noventa y nueve monedas de oro y fue hasta la casa del vecino. El viejo estaba de rodillas, en actitud de oración.

—Dios querido, ayúdame en mis necesidades. Creo que tengo derecho a esas monedas. Pero recuerda: son cien monedas. No me conformaré con lo que me envíes. Quiero exactamente cien monedas...

Mientras el viejo rezaba, el rico subió al tejado y le tiró las monedas por el hueco de la chimenea. Después bajó a espiar.

El viejo seguía de rodillas cuando oyó el sonido de algo metálico que caía por el hueco de la chimenea. Lentamente, se incorporó, se acercó a la chimenea, levantó la bolsa y le sacudió el hollín y la ceniza.

Después se acercó a la mesa y vació el contenido del saco sobre ella. La montaña de monedas apareció ante él. El viejo cayó de rodillas y agradeció al buen Dios el presente que le había enviado.

Una vez terminada la oración, contó las monedas. ¡Había noventa y nueve! Eran noventa y nueve monedas.

El hombre rico seguía esperando, preparado para demostrar su teoría. El viejo alzó su voz al cielo y dijo: «Dios mío: veo que tu decisión es cumplir el deseo de este pobre viejo, pero veo también que en las arcas del cielo no había más que noventa y nueve monedas. No quisiste hacerme esperar por tan sólo una moneda. No obstante, tal como te dije, no quiero aceptar una moneda más de cien ni una menos...».

—Es un imbécil —pensó el rico.

—... Por otro lado —siguió el viejo—, eres para mí de absoluta confianza. Por ello, y por única vez, voy a dejar a tu libertad elegir el momento en que me enviarás la moneda que me debes.

—¡Traición! —gritó el rico—. ¡Hipócrita!

Y, gritando, empezó a golpear la puerta de su vecino.

—¡Eres un hipócrita! —siguió diciendo—. Dijiste que no ibas a aceptar menos de cien, y ya te estás embolsando esas noventa y nueve monedas como si nada. Mentiroso tú y tu fe en Dios.

—¿Cómo sabes lo de las noventa y nueve monedas? —preguntó el viejo.

—Lo sé porque yo te envié esas noventa y nueve monedas, para demostrarte que eres un charlatán. «No aceptaré menos de cien», ¡ja, ja, ja!

—Y, de hecho, no aceptaré. Dios me enviará la última cuando Él lo decida.

—Él no te enviará nada porque quien mandó estas monedas, como te dije, fui yo.

—No discutiré si fuiste tú el instrumento que utilizó Dios para satisfacer mi deseo o no. Pero el caso es que este dinero cayó por mi chimenea mientras yo lo pedía, y es mío.

El hombre rico cambió su sonrisa por un gesto adusto.

—¿Cómo que es tuyo? Esta bolsa y estas monedas son mías. Yo las envié.

—Los designios de Dios son incomprensibles para el ser humano —dijo el viejo.

—Maldito seas tú, y maldito sea tu Dios. Devuélveme mi dinero o te haré comparecer ante el juez y perderás también lo poco que tienes.

—Mi único juez es mi Dios. Pero si te refieres al juez del pueblo, no tengo inconveniente en poner el problema en sus manos.

—Bien. Vamos, entonces.

—Vas a tener que esperar a que compre un carruaje. Ahora no tengo, y un viejo como yo no puede permitirse el lujo de caminar hasta el pueblo.

—No hace falta esperar. Te ofrezco mi carruaje.

—Realmente, agradezco tu actitud. En todos estos años nunca me habías ayudado en nada. Bien. De todos modos, deberemos esperar a que pase un poco el invierno. Hace mucho frío y mi salud no soportaría ir hasta el pueblo sin un buen abrigo.

—Estás tratando de postergar el tema —dijo el rico, furioso—.

Te daré mi propio abrigo de pieles, para que puedas viajar. ¿Qué otra excusa tienes?

—En ese caso —dijo el viejo—, no puedo negarme.

El viejo se abrigó con las pieles, subió al carruaje y partió hacia el pueblo, seguido por el hombre rico, que iba en otro coche.

Llegados allí, el hombre rico se apresuró a pedir audiencia al juez y, cuando éste los recibió, le contó en detalle su plan para desacreditar la fe del viejo, cómo había enviado las monedas por el hueco de la chimenea y cómo el viejo, después, se había negado a devolvérselas.

—¿Qué tienes que decir, viejo? —preguntó el juez.

—Señoría: me extraña mucho tener que estar aquí para confrontar a mi vecino por este tema. Este hombre es el más rico de la ciudad. Nunca ha demostrado ser solidario, nunca ha tenido ninguna actitud caritativa con los demás, y no creo que sea necesario que yo argumente en mi defensa. ¿Quién podría creer que un hombre avaro como éste pueda haber puesto casi cien monedas en una bolsa y las haya arrojado por la chimenea del vecino? Me parece claro que el pobre hombre me espiaba y, al ver mi dinero, su codicia le hizo inventar esta historia.

—¿Inventar? ¡Viejo maldito! —gritó el rico—. Tú sabes que todo es como yo digo. No te crees ni tú esa patraña de Dios enviándote las monedas. Devuélveme la bolsa.

—Evidentemente, señoría, este hombre está muy perturbado.

—¡Claro! Me perturba que me roben. Te exijo que me devuelvas esa bolsa.

El juez estaba asombrado. Los argumentos de ambos lo obligaban a tomar una decisión, pero ¿cuál sería la más justa?

—Devuélveme mi dinero, viejo tramposo —decía el rico—. Ese dinero es mío, sólo mío.

En un momento, el rico saltó la barandilla de madera que los separaba y, fuera de sí, intentó arrebatarle la bolsa al viejo.

—¡Orden! —gritó el juez—. ¡Orden!

—¿Lo ve, señor juez? La codicia lo enloquece. No me extrañaría que si consiguiera la bolsa empezara a decir que el carro en el que vine también es suyo.

—Claro que es mío —se apresuró a decir el rico—. Yo te lo presté.

—¿Lo ve usted, señoría? Lo único que le falta es querer ser el dueño de mi propio abrigo.

—¡Por supuesto que soy su dueño! —gritó, ya descontrolado, el rico—. Es mío, todo es mío: la bolsa, el dinero, el carruaje, el abrigo... ¡Todo es mío! ¡Todo!

—¡Alto! —dijo el juez, que ya no tenía dudas—. ¿No te da vergüenza querer quitarle a este pobre viejo lo poco que tiene?

—Pe... pero...

—Sin peros. Eres un codicioso y un aprovechado —siguió el juez—. Por haber intentado estafar a este pobre viejo, te condeno a una semana de cárcel y a pagarle a tu vecino quinientas monedas de oro como compensación.

—Perdone, su señoría —dijo el viejo—. ¿Puedo hablar?

—Sí, anciano.

—Yo creo que el hombre ha aprendido la lección. Yo le pido que, a pesar de que sea mi adversario, le levante la condena y le imponga sólo una multa simbólica.

—Eres muy generoso, anciano. ¿Qué propones? ¿Cien monedas más? ¿Cincuenta?

—No, señor juez. Yo creo que el pago de una sola moneda será suficiente castigo.

El juez golpeó la mesa con su martillo y sentenció: «Gracias a la generosidad de este hombre, y no porque sea el deseo del

Tribunal, se impone al acusador una multa simbólica de una moneda de oro, que deberá pagar de inmediato».

—¡Protesto! —dijo el rico—. ¡Me opongo!

—Salvo que el sentenciado rechace la gentil propuesta de este buen hombre y prefiera la sentencia no tan benévola de este tribunal.

El hombre rico, resignado, sacó una moneda y la entregó al anciano.

—Asunto terminado —dijo el juez.

El rico salió corriendo en su carruaje y se marchó del pueblo. El juez saludó al viejo y se retiró. El viejo alzó los ojos al cielo.

—Gracias, Dios. Ahora sí. No me debes nada.

—Quizás ahora, Demián, tengas ya todos los elementos para completar tu despertar sobre la aceptación y la lucha.

Como dijo el gordo:

Resignarse es una cosa y aceptar es otra.

EL RELOJ PARADO A LAS SIETE

¡Estaba atravesando una época muy luminosa!

Sentía el bullir del crecimiento dentro de mí. Y no sólo estaba incorporando conocimientos sino que, sin intentar ser modesto, me sentía cada vez más sabio, con las ideas más claras, y más centrado.

Todo era fantástico y, a pesar de las cosas que no eran como a mí me hubieran gustado, tenía una actitud de calmada aceptación y, por eso, sentía que podía enfrentarme a las dificultades sin temor.

—Esto es genial, gordo. ¿Tú vives así todo el tiempo?

—Contéstate.

—Pues, si esto es parte del despertar, tú, que tienes por lo menos más despertares en tu historia que yo, debes vivir así todo el tiempo.

—No —contestó Jorge—. No todo el tiempo.

—Ahora que he aprendido el refrán «mal de muchos consuelo de todos», te pregunto: a los demás, a la mayoría, ¿también les ocurre que tienen momentos de luz y momentos de oscuridad?

—Yo creo que sí... Quizá por eso desde hace un rato me está viniendo a la memoria un cuento de Papini. Se titula *El reloj parado a las siete*.

—¿Me lo cuentas?

—Sí, aunque contar un cuento tan fantásticamente escrito como ese significa robarle más de las tres cuartas partes de su hermosura. Pero, en fin...

Este cuento de Papini es el monólogo de un personaje que escribe en la soledad de su cuarto.

En una de las paredes de mi cuarto hay colgado un hermoso reloj antiguo que ya no funciona. Sus manecillas, detenidas casi desde siempre, señalan imperturbables la misma hora: las siete en punto.

Casi siempre, el reloj es sólo un inútil adorno sobre una blanquecina y vacía pared. Sin embargo, hay dos momentos durante el día, dos fugaces instantes, en que el viejo reloj parece resurgir de sus cenizas como un ave fénix.

Cuando todos los relojes de la ciudad, en sus enloquecidos andares, marcan las siete, y los cucús y los gongs de las máquinas hacen sonar siete veces su repetido canto, el viejo reloj de mi habitación parece cobrar vida. Dos veces al día, por la mañana y por la noche, el reloj se siente en completa armonía con el resto del universo.

Si alguien mirara el reloj solamente en esos dos momentos, diría que funciona a la perfección... Pero, pasado ese instante, cuando los demás relojes acallan su canto y las manecillas continúan su monótono camino, mi viejo reloj pierde su paso y permanece fiel a aquella hora que alguna vez detuvo su andar.

Y yo amo ese reloj. Y cuanto más hablo de él, más lo amo, porque cada vez siento que me parezco más a él.

También yo estoy detenido en un tiempo. También yo me siento clavado e inmóvil. También yo soy, de alguna manera, un adorno inútil en una pared vacía.

Pero disfruto también de fugaces momentos en que, misteriosamente, llega mi hora.

Durante ese tiempo siento que estoy vivo. Todo está claro y el mundo se vuelve maravilloso. Puedo crear, soñar, volar, decir y sentir más cosas en esos instantes que en todo el resto del tiempo. Estas conjunciones armónicas se dan y se repiten una y otra vez, como una secuencia inexorable.

La primera vez que lo sentí, traté de aferrarme a ese instante creyendo que podría hacerlo durar para siempre. Pero no fue así. Como a mi amigo el reloj, también a mí se me escapa el tiempo de los demás.

...Pasados esos momentos, los demás relojes, que anidan en otros hombres, continúan su giro, y yo vuelvo a mi rutinaria muerte estática, a mi trabajo, a mis charlas de café, a mi aburrido andar, que acostumbro a llamar vida.

Pero sé que la vida es otra cosa.

Yo sé que la vida, la de verdad, es la suma de aquellos momentos que, aunque fugaces, nos permiten percibir la sintonía con el universo.

Casi todo el mundo, pobre, cree que vive.

Sólo hay momentos de plenitud, y aquellos que no lo sepan e insistan en querer vivir para siempre, quedarán condenados al mundo del gris y repetitivo andar de la cotidianeidad.

Por eso te amo, viejo reloj. Porque somos la misma cosa tú y yo.

—Esto, Demián, es la paupérrima expresión de una joya literaria de Papini que te pido que leas alguna vez. Lo traje hoy para mostrarte una metáfora genial: que quizá todos vivamos sólo en la armonía de algunos momentos. Quizás, ahora, en este presente, la hora de la verdadera vida coincide con tu propia hora. Si así fuera, disfrútala, Demián. Quizá pase... demasiado pronto.

Algún tiempo después leí el cuento original de Papini, *El reloj parado a las siete*. Como decía el gordo, era una joya. No obstante, ahora, cuando dispongo del libro en mi biblioteca, no puedo olvidar aquel relato de Jorge, tal vez menos rico en los giros y en las imágenes, pero tan útil para mí en aquel momento como gozoso fue el original años después.

Las lentejas

De nuevo, mi terapeuta no se equivocó. El instante de luminosidad y armonía absoluta pasó, y aparecieron de nuevo mis eternos interrogantes sobre la verdad, sobre los demás y sobre mí mismo. Un hecho aparentemente trivial me tenía completamente bloqueado: por tercera vez en un año, un compañero de oficina recibía un aumento de sueldo superior al mío. Me consideraba a mí mismo un juez bastante objetivo respecto a mi trabajo, y sabía que lo hacía bastante bien. Es más, tenía la certeza de que yo era mucho más idóneo y eficiente que mis compañeros.

—Lo que pasa es que Eduardo es un pelota.
—¿Un qué?
—Un pelota, un pelotillero.
—Extraña manera de actuar, que se define sólo con argot.
—Siempre está detrás del jefe enseñándole todo lo que hace, lo que ha conseguido, lo que le ha salido bien, y minimizando lo que no ha podido resolver. Y el jefe, que no es estúpido, se da cuenta, seguro que se da cuen-

ta. Lo que pasa es que cuando no está demostrando sus logros está adulando al jefe.

—Y parece que el jefe es vulnerable por ese lado.

—Seguro, porque por supuesto, a la hora de beneficiar a alguien, el adulador sale premiado.

—¿Has hablado con tu jefe?

—Sí, claro. Dice que siempre lo estoy cuestionando todo, que tengo mal carácter y que eso disminuye mi puntuación.

—Dicho de otra manera: según lo planteas tú, dice que si fueras lisonjero como Eduardo, tu premio sería más promoción, más puntuación y más sueldo.

—Así parece.

—Bueno, entonces está claro. Sabes cuál es el objetivo, cuál es el camino, y tienes la capacidad de realizarlo. ¿Qué más quieres? El resto depende de ti.

—Me niego.

—¿Te niegas a qué?

—Me niego a tener que decir a todo que sí para conseguir un poco más de dinero...

—Me parece bien, Demián. Pero no creas que esto sucede sólo en el trabajo.

—Yo no veo la relación con lo que pasa en otros lugares. Pero mi experiencia contigo me dice que nada está nunca en «un solo lugar», así que no sé si esto sólo ocurre en el trabajo. No lo sé.

—Cuando Ricardo no te eligió para participar en la presentación en la facultad, y prefirió a Juan Carlos, ¿tu sensación no fue la misma?

—Sí.

—Y cuando me contaste, hace unos meses, que tu amiga Laura se ha alejado de ti porque prefiere la compañía de los que no dicen las cosas que a ella no le gusta oír, ¿no era lo mismo?

—¡Sí! Es lo mismo... Al final, para no quedarte solo, tienes que esforzarte por ser quien no eres.

—En primera persona, por favor...

—Si no quiero quedarme solo, tengo que adular, tengo que dar la razón, tengo que ser suave y tibio, tengo que callarme la boca o abrirla nada más que para decir que sí...

—Sin duda, ese es un camino. El otro es el de Diógenes.

—¿Cuál es el de Diógenes?

—El camino de Diógenes.

Un día, estaba Diógenes comiendo un plato de lentejas, sentado en el umbral de una casa cualquiera.

No había ningún alimento en toda Atenas más barato que el guiso de lentejas.

Dicho de otra manera, comer guiso de lentejas significaba que te encontrabas en una situación de máxima precariedad.

Pasó un ministro del emperador y le dijo: «¡Ay, Diógenes! Si aprendieras a ser más sumiso y a adular un poco más al emperador, no tendrías que comer tantas lentejas».

Diógenes dejó de comer, levantó la vista, y mirando al acaudalado interlocutor intensamente, contestó: «Ay de ti, hermano. Si aprendieras a comer un poco de lentejas, no tendrías que ser sumiso y adular tanto al emperador».

—Este es el camino de Diógenes. Es el camino del autorrespeto, de defender nuestra dignidad por encima de nuestras necesidades de aprobación.

Todos necesitamos la aprobación de los demás. Pero si el precio es dejar de ser nosotros mismos, no sólo es demasiado caro sino que además se convierte en una búsqueda incoherente: empezamos a parecernos a aquel hombre que buscaba su mula por todo el pueblo, mientras iba cabalgando... su mula.

El rey que quería ser alabado

—Estaba pensando y me he dado cuenta de que hay muchas cosas por las que tengo que pagar un precio muy alto. Y esto no me hace sentir demasiado bien.

Tengo la sensación de estar atrapado en una rueda de la cual no puedo salir. ¿Qué se puede hacer para saber con anticipación si el precio a pagar por algo es caro, barato o justo? Con las cosas materiales es fácil, porque hay un precio más o menos establecido. Pero con todo lo demás, ¿cuál es la medida?

—Parece que habría que empezar por saber qué quiere decir caro. Qué significa pagar caro.

—Pagar caro es pagar mucho.

—Míralo desde el punto de vista de lo material. ¿Cien mil dólares es mucho?

—Sí, claro.

—Entonces, un avión Jumbo que se vendiera por cien mil dólares sería caro.

—Bueno, depende para quién. Para mí sí.

—¿Por qué?

—Porque yo no tengo cien mil dólares, ni los puedo conseguir.

—No, Demián. Estás confundiendo lo caro con lo costoso. Un Jumbo que se vendiera por cien mil dólares sería barato, tengas tú el dinero o no.

—Entonces, ¿cómo funciona?

—Lo que determina que algo sea caro o barato es la comparación entre el precio (lo que cuesta) y el valor (lo que vale). No entre lo que cuesta y lo que tienes. Es caro, Demián, aquello que cuesta más de lo que vale.

—Más de lo que vale... Claro, por eso hay muchas cosas por las que siento que estoy pagando caro... Ahora lo entiendo.

—El valor de las cosas que no son materiales —siguió Jorge— y, a veces, el de éstas también, es tan subjetivo que solamente uno mismo pude determinar si un precio es justo o no. Pero hay bienes preciados que todos poseemos y creo que no sabemos valorar del todo. Uno de ellos es la dignidad. Me parece que la propia dignidad, el autorrespeto, como te he dicho alguna vez, es tan valioso que pagar con él siempre sale demasiado caro.

Hubo una vez un rey a quien la vanidad había vuelto loco. La vanidad siempre termina por volver loca a la gente.

Este rey mandó construir un templo en los jardines de su palacio y, dentro del templo, hizo colocar una gran estatua de sí mismo en la posición del loto.

Todas las mañanas, después del desayuno, el rey iba a su templo y se postraba ante su imagen adorándose a sí mismo.

Un día, decidió que una religión que tuviera un solo seguidor no era una gran religión. Así que pensó que debía tener más adoradores.

Decretó entonces que todos los soldados de la guardia real se postrasen ante la estatua por lo menos una vez al día. Lo mismo debían hacer todos los servidores y los ministros de su reino.

Su locura crecía a medida que pasaba el tiempo y, no conforme con la sumisión de los que le rodeaban, dispuso un día que la guardia real fuera al mercado y trajera a las tres primeras personas con las que se cruzaran.

—Con ellas —pensó— demostraré la fuerza de la fe en mí. Les pediré que se inclinen ante mi imagen y, si son sabios, lo harán, y si no, no merecen vivir.

La guardia fue al mercado y trajo a un intelectual, a un sacerdote y a un mendigo que eran, en efecto, las tres primeras personas que encontraron.

Los tres fueron conducidos al templo y presentados ante el rey.

—Esta es la imagen del único y verdadero Dios —les dijo el rey—. Postráos ante ella o vuestras vidas le serán ofrecidas en sacrificio.

El intelectual pensó: «El rey está loco y me matará si no me inclino. Este es, evidentemente, un caso de fuerza mayor. Nadie podría juzgar mal mi actitud a la luz de que fue hecha sin convicción, para salvar mi vida, y en función de la sociedad a la cual me debo». Entonces se postró ante la imagen.

El sacerdote pensó: «El rey ha enloquecido y cumplirá su amenaza. Yo soy un elegido del verdadero Dios y, por lo tanto, mis actos espirituales santifican el lugar donde esté. No importa cuál sea la imagen. El verdadero Dios será aquel a quien yo esté honrando».

Y se arrodilló.

Llegó el turno del mendigo, que no hacía ningún movimiento.

—Arrodíllate —dijo el rey.

—Majestad: yo no me debo al pueblo, que en realidad la

mayor parte de las veces me echa a patadas de los umbrales de sus casas. Tampoco soy el elegido de nadie, salvo de los pocos piojos que sobreviven en mi cabeza. Yo no sé juzgar a nadie ni puedo santificar ninguna imagen. Y, en cuanto a mi vida, no creo que sea un bien tan preciado como para que valga la pena hacer el ridículo para conservarla. Por lo tanto, mi señor, no encuentro ninguna razón por la que merezca la pena arrodi-llarme.

Dicen que la respuesta del mendigo conmovió tanto al rey, que éste se iluminó y comenzó a revisar sus propias posturas.

Sólo por ello, cuenta la leyenda, el rey se curó y mandó reemplazar el templo por una fuente y la estatua por enormes maceteros de flores.

LOS DIEZ MANDAMIENTOS

Aquel rey del cuento se iluminó con el monólogo del mendigo y no pudo evitar revisar su vida, pero yo quedé «congelado» después de la última sesión.

Otra vez sentí que una cortina se descorría y dejaba a la vista una infinidad de situaciones, hechos, pensamientos y posturas que pasaban desordenadamente por mi cabeza, uno tras otro, uno tras otro, uno tras otro...

Sentía que toda mi historia personal había cambiado de significado desde el momento en que había descubierto el sentido de las palabras «caro» y «barato».

¡Cuántas cosas había pagado demasiado caras a lo largo de mi historia! ¡Y cuántas había recibido sin darme cuenta de lo baratas que me habían salido! Avaricia y derroche, los dos extremos de un mismo error.

El miserable y el pródigo, dos personalidades anidando en mí, conviviendo dentro de mí, apareados y tratando de diferenciarse, de competir también, de aparecer, de dominar... ¡El juego de las polaridades de que tanto hablaba Jorge!

Qué idea tan loca la de que todo está en el mundo de dos en dos. Cada cosa con su opuesto.

—Cada Doctor Jeckyll con su Mister Hyde.

—¿Siempre es así? —pregunté a Jorge.

—Sí, Demián, siempre. Porque el mundo en que vivimos es un enorme Yin y Yang: dos partes que configuran un todo único e indivisible. Dos mitades que se pueden diferenciar únicamente para comprenderlas, pero que no tienen existencia independiente. Mira...

El gordo se levantó y fue hasta el guardarropa. Abrió la puerta y empezó a revolver entre el desorden de su interior, hasta que sacó una linterna. Pulsó el interruptor y, como la linterna no se encendía, le pegó tres o cuatro golpes hasta que funcionó. Después apagó la luz de la habitación e iluminó con la linterna la ventana, que tenía las persianas bajadas.

—¿Ves el rayo de luz? —me preguntó.

—Sí, claro.

—¿Por qué?

—Porque la linterna está encendida —contesté, obviamente, sin saber dónde quería ir a parar.

—Ahora, levanta la persiana.

Lo hice.

—¿Y ahora? —preguntó dirigiendo la linterna hacia la ventana, por donde entraba, plena, la luz del sol del mediodía.

—Ahora, ¿qué? —pregunté.

—Ahora, ¿la linterna está encendida o no?

—No lo sé.

—¿Cómo? ¿No ves la luz?

—No, ahora no.

—¿Sabes por qué?

—Pues, porque el sol... —intenté empezar a explicar.

—No puedes verla porque para poder percibir la luz hace falta la oscuridad. ¿Lo ves? Las cosas sólo son si existe el opuesto. Y eso es así con la luz y la oscuridad, el día y la noche, lo masculino y lo femenino, la fuerza y la debilidad...

El gordo apagó la linterna, la tiró dentro del guarda-rropa, se sentó y siguió, casi extasiado.

—Esto es así en el mundo exterior y, por supuesto, también en el mundo interior. ¿Cómo podríamos percibir nuestras partes más fuertes si no existieran, dentro de nosotros, debilidades? ¿Cómo podríamos aprender sin nuestra ignorancia? ¿Cómo podríamos ser varones o mujeres si no existieran mujeres y varones? Y, aún más, ¿cómo pensar que nacemos siendo cien por cien niños o niñas si llevamos en cada célula de nuestro cuerpo un cincuenta por ciento de información de un sexo y un cincuenta por ciento de información del otro?

Todas nuestras cualidades, condiciones, virtudes y defectos están en nosotros, emparejados con sus correspondientes opuestos. Quiero decir que ninguno de nosotros es sólo bueno, ni sólo inteligente, ni sólo valiente. Nuestra bondad, inteligencia y valentía coexisten siempre con nuestra maldad, con nuestra estupidez y con nuestra cobardía.

Todos hemos oído decir que los que se sienten superiores y tratan de mostrarlo, en realidad se creen bastante inferiores. Y es cierto.

Exactamente lo mismo sucede con el resto de nuestras características: cuando un rasgo se manifiesta por encima de todos los demás, no siempre es síntoma de que en nosotros predomine ese rasgo, sino de que muchas veces ese predominio es solamente la expresión de un gran esfuerzo por esconder la otra polaridad, por evitarla, por resistirse a ella, por reprimirla.

—Pero, entonces, si lo que tú dices fuera cierto, detrás de cada buena persona se escondería siempre un hijo de puta reprimido —interrumpí indignado.

—Yo no me atrevería a decir que siempre sea así. Sólo digo que a veces es así... E incluso me atrevería a decir que esa buena persona tuvo que hacer algo con esa mala persona que también anida en él. Y que eso que hizo no fue gratis, y tuvo un enorme coste para él. Quizá lo que te estoy diciendo es que lo importante es saber **qué cosas escondo y para qué lo hago.**

—¡Basta! —me quejé.

—Como estás al principio de un berrinche, te voy a contar un cuento antes de que te vayas.

Sucedió que, un día, en las puertas del cielo, se reunieron unos cuantos cientos de almas, que eran las que anidaban en los hombres y mujeres que habían muerto ese día.

San Pedro, supuesto guardián de las puertas de entrada al Paraíso, ordenaba el tráfico.

—Por indicación del «Jefe» vamos a formar tres grandes grupos de huéspedes a partir de la observación de los diez mandamientos.

El primer grupo, con aquellos que hayan violado todos los mandamientos por lo menos una vez.

El segundo grupo, con aquellos que hayan violado por lo menos uno de los diez mandamientos una vez.

Y, el último grupo, que suponemos que será el más numeroso, con aquellos que jamás en su vida hayan violando ninguno de los diez mandamientos.

Bien —siguió San Pedro—. Los que hayan violado todos los mandamientos, pónganse a la derecha.

Más de la mitad de las almas se puso a la derecha.

—Ahora —exclamó—, de los que quedan, aquellos que hayan violado alguno de los mandamientos pónganse a la izquierda.

Todas las almas que quedaban se desplazaron a la izquierda. Bueno, casi todas...

De hecho, todas menos una.

Quedó en el centro un alma que había sido un buen hombre. Durante toda su vida había recorrido el camino de los buenos sentimientos, de los buenos pensamientos y de las buenas acciones.

San Pedro se sorprendió. Solamente un alma quedaba en el grupo de las mejores almas.

De inmediato, llamó a Dios para notificárselo.

—Mira, el asunto es así: si seguimos el plan original, ese pobre hombre que se ha quedado en el centro, en lugar de beneficiarse por su beatitud, se va a aburrir como una ostra en la soledad más extrema. Me parece que tendríamos que hacer algo al respecto.

Dios se levantó ante el grupo y dijo: «Aquellos que se arrepientan ahora, serán perdonados, y sus fallos olvidados. Los que se arrepientan pueden volver a reunirse en el centro, con las almas puras e inmaculadas».

Poco a poco, todos empezaron a moverse hacia el centro.

—¡Alto! ¡Injusticia! ¡Traición! —gritó una voz. Era la voz del que no había pecado—. ¡Así no vale! Si me hubieran avisado de que iban a perdonar, no hubiera desperdiciado mi vida...

El gato del ashram

—Gordo, ¿qué ocurriría si te dijera que me quiero tomar unas vacaciones?

—¿Qué ocurriría con qué?

—¿Qué ocurriría con nosotros, con el tratamiento?

—No entiendo, Demián...

—La pregunta es: ¿Puedo decidir si quiero tomarme unas vacaciones de la terapia?

—Mira, no sé qué me estás preguntando. Voy a entender la única cosa lógica que se me ocurre. Si me estás preguntando si estás en condiciones de prescindir de tu terapia por un tiempo, te contesto que en este momento por supuesto que sí. Es más, creo de corazón que estás en condiciones de seguir tu camino solo cuando tú lo decidas.

La sonrisa con que el gordo me decía esto era lo único tranquilizador de la conversación. Yo había ido a pedir permiso y me encontraba con un Jorge que, más que darme permiso, parecía alentarme para que me fuera.

—Dime, ¿me estás echando, gordo? —pregunté para asegurarme.

—Demián, ¿estás loco o qué? Vienes a decirme si puedes tomarte unas vacaciones y, cuando te digo que sí, me preguntas si te estoy echando... ¿Qué respuesta estabas esperando?

—La verdad, Jorge: estoy tan acostumbrado a las respuestas negativas de otros psicólogos que tanta lasitud me ha sorprendido...

—¿Me quieres contar con qué fantasías venías?

—La más suave es que, como les ha pasado a todos los que conozco, la primera reacción del terapeuta es la de interpretar todo el tema de la partida como una resistencia al tratamiento.

—Pero tú no podías esperar de mí una interpretación.

—Desde la lógica no, pero era una posibilidad. Otra era que me gritases, que te enfadaras conmigo y me echaras.

—Vaya, ahora sí que te interpreto: y así confirmar lo importante que eres para mí, cuánto me duele tu partida y que no podría soportar la idea de perderte.

Me sentía desnudo.

—Bueno, te seré sincero —siguió el gordo—. Sí que me importa que te vayas, porque te quiero mucho. No me duele que partas, porque creo que es una elección tuya y, la verdad, lamento decirte que sí puedo soportarlo. Y, decididamente, no me enfado y no te echo.

—Y la otra posibilidad... —no pude acabar la frase.

—¿Y la otra posibilidad? —me animó el gordo.

—La otra posibilidad es que dejes que me vaya, como estás haciendo.

—¿Y cuál es el problema?

—En ese caso, ninguno.

—Cada vez entiendo menos.

—¿Y después?

—Y después...

—Cuando quiera volver...

—Cuando quieras volver, ¿qué?

—¿Puedo?

—¿Por qué no vas a poder, Demián?

—Porque todos los amigos que han hecho terapia me han contado historias terribles sobre estas interrupciones. Desde veladas amenazas de recaídas hasta francas anticipaciones de catástrofes. Desde dudas sobre la posibilidad de que el terapeuta tuviera tiempo para volver a atenderte, hasta la marca estigmática de «paciente que se va, no puede volver».

—¡Ah! Ahora entiendo de dónde viene la cautela de tu pregunta. En lo que a mí respecta, puedes tomarte unas vacaciones de mí cada vez que quieras y puedes volver cuando se te ocurra. El límite es el de la comodidad de la situación entre ambos, el de la utilidad de la tarea según el modelo terapéutico y, por supuesto, el del momento evolutivo del paciente.

El gordo hizo una pausa para el mate.

—Lo que sucede es que, como siempre, de una pauta realmente útil en ciertas circunstancias, se ha hecho una generalización absurda.

—¿Como siempre?

—Como muchas veces... ¿Te cuento un cuento?

Había una vez un gurú que vivía con sus seguidores en su ashram de la India.

Una vez al día, al caer el sol, el gurú se reunía con sus discípulos y predicaba.

Un día apareció en el ashram un hermoso gato que seguía al gurú por dondequiera que fuera.

Resultó que cada vez que el gurú predicaba, el gato se paseaba permanentemente por entre los discípulos, distrayendo su atención y haciendo que no escuchasen la charla del maestro.

Por eso, un día el maestro tomó la decisión de que, cinco minutos antes de empezar cada charla, ataran al gato para que no interrumpiera.

Pasó el tiempo, hasta que un día el gurú murió.

El discípulo más viejo se transformó en el nuevo guía espiritual del ashram.

Cinco minutos antes de su primera prédica, ordenó atar al gato.

Sus ayudantes tardaron veinte minutos en encontrar al gato para poder atarlo...

Pasó el tiempo, y un día el gato murió.

El nuevo gurú ordenó que consiguieran otro gato para poder atarlo.

El detector de mentiras

—¡Estoy harto! —me quejé.

—¿De qué estás harto, Demián?

—¡De que me mientan! ¡Estoy harto de que me mientan!

—¿Y por qué estás tan enfadado con la mentira? —preguntó Jorge, como si yo me estuviera quejando de que la lluvia fuera mojada...

—¿Cómo que por qué? ¡Porque es horrible! Me molestan quienes me engañan, quienes me estafan, quienes me enredan con sus fabulaciones.

—¿Te enredan? ¿Cómo consiguen enredarte?

—Mienten. Eso hacen.

—Pero eso no es suficiente, Demián. Ellos podrían mentir durante días y tú te divertirías oyéndoles explicar sus historias...

—Pero yo me dejo engañar, Jorge. Yo confío, yo les creo... Cualquier idiota se acerca a inventar una tontería y yo le creo. ¡Soy un imbécil!

—¿Y por qué les crees?

—Porque... Porque... No sé por qué narices les creo. ¡La madre que los parió! —grité—. No sé... No sé...

El gordo se quedó un rato mirándome en silencio y después agregó: «Tú ya sabes que sería bueno no enfadarse. Pero por ahora, ya que estás enfadado, lo mejor es que dejes que te hagan enfadar y hacer algo contra el enfado».

Yo sabía a qué se refería el gordo.

Jorge decía que el enfado, el amor o la pena son sólo las pilas del cuerpo; que el sentimiento es la energía que antecede al movimiento; que la emoción no es nada sin la acción; que intentar desconectarlas es alienarse, perderse, descentrarse...

Y yo estaba haciendo eso: tratando de controlar el desbordamiento hacia el que aquella situación me empujaba.

Mi terapeuta se tiró al suelo, acercó un almohadón enorme y lo acomodó frente a él. Sin decir una palabra, dio unas palmaditas sobre el almohadón invitándome a trabajar con él.

Yo conocía la tarea que Jorge me proponía. En silencio, me senté al otro lado del almohadón y empecé a golpear sobre él con los puños.

Cada vez más.

Cada vez más.

Cada vez más.

Pegué... y pegué... y pegué.

Y después grité.

E insulté.

Y seguí pegando.

Y pegando...

Y pegando...

Hasta que me desplomé jadeando y exhausto...

El gordo me dejó recuperar el aliento y después me puso una mano en el hombro y preguntó: «¿Mejor?».

—No —dije—. Quizá más ligero, pero mejor no.

—Son criterios —dijo Jorge—. Yo creo que siempre es mejor aligerar una carga...

Me apoyé en su pecho durante un rato y me dejé confortar.

Unos minutos después, Jorge preguntó:

—¿Quieres contarme qué te ha pasado?

—No, gordo, no. El hecho anecdótico no es importante. Ahora al menos tengo la lucidez suficiente para darme cuenta. Lo que necesito es saber **qué me pasa a mí** con este tema. Siento que me enloquece demasiado.

—Bueno, empecemos por algún sitio. Trata de decirme resumidamente cuál crees o sientes que es el problema.

Yo me acomodé sobre el suelo, hice un poco de ruido con la nariz e intenté empezar.

—Lo que pasa es que cuando yo... —el gordo no me dejó seguir.

—No, no, no. Enúncialo como si fuera un telegrama. Como si decir cada palabra te costara una fortuna. Venga.

Pensé un poco.

—Me molesta que me mientan —dije al fin.

Estaba satisfecho.

Esa era la frase.

Cinco palabras.

Era un mensaje realmente resumido.

Miré al gordo.

... Silencio.

Decidí hacer una inversión y añadir un gasto adicional para darle más realismo a mi frase: «¡Me molesta muchísimo que me mientan! ¡Eso es!».

El gordo sonrió y puso esa cara de abuelo comprensivo que ponía Jorge, y que yo interpretaba a veces como «qué tonto eres, hijo», y otras como un enorme abrazo que decía «aquí estoy», o «todo está bien».

—¡Me molesta! —ratifiqué.

—Que te mientan —terminó Jorge.

—¡Que me mientan! —dije.

—Que TE mientan —remarcó.

—Sí, que ME mientan —yo no entendía a dónde quería ir a parar—. ¿De qué te ríes? —le pregunté al fin.

—No me río. Sonrío...

—¿Qué pasa? —pregunté—. No entiendo nada.

—Yo conozco el lugar en el que te has parado. Y no lo conozco por haberlo leído en alguna parte. Lo conozco por haber estado parado ahí gran parte de mi vida... Sonrío por simpatía, por identificación, por reconocer otro yo mismo de otro tiempo, por encontrarlo en tu postura...

—No me sirve, gordo. No me basta saber que tú pasaste por esto. No me consuela saber que esta es la calle más transitada del planeta. ¡Hoy no me basta!

El gordo seguía con su cara de buda complacido.

—Ya lo sé. Yo sé que no te basta. Pero, ¿ya te vas?

—No. ¡No me voy!

—Bueno, entonces calma. Has querido saber por qué sonreía y yo he querido explicártelo. Eso es todo.

Jorge volvió a su sillón.

—Te molesta que te mientan.

—¡Sí!

—¿Y qué te hace pensar que te mienten?

—¿Que qué me hace pensar que me mienten? Me dicen algo que descubro, antes o después, que no es verdad.

—Ah. Pero tú estás confundiendo decir la verdad con no mentir.

—¿Cómo? ¿No es lo mismo?

—¡Para nada!

La línea formalmente lógica de mi pensamiento se había estrellado contra una pared de granito... Mi único consuelo era pensar que si, como decía siempre Jorge, la confusión es la puerta de entrada a la claridad, yo debía estar en los umbrales de la luz suprema porque no entendía nada en absoluto.

—¡Claro! —empezó Jorge.

—¡Claro para ti! —intervine—. El gordo se rió con ganas. Y siguió: «Decir la verdad o no es independiente del hecho de mentir».

Te pongo un ejemplo.

Hace muchos años, cuando apareció en el mundo el detector de mentiras, todos los abogados y estudiosos de la conducta humana estaban fascinados. El aparato se basa en una serie de sensores que detectan las variaciones fisiológicas de la sudoración, contracturas musculares, variaciones de pulso, temblores y movimientos oculares que se producen en cualquier individuo mientras miente.

En aquel entonces, las experiencias con la «máquina de la verdad», como se la llegó a llamar, proliferaban por doquier.

Un día, a un abogado se le ocurrió una investigación muy particular. Trasladó la máquina al hospital psiquiátrico de la ciudad y sentó en ella a un internado: J.C. Jones. El señor Jones era un psicótico, y en su delirio aseguraba que era Napoleón Bonaparte. Quizá por haber estudiado historia, conocía a la perfección la vida de Napoleón y enunciaba con exactitud y en primera persona pequeños detalles de la vida del Gran Corso, en secuencia lógica y coherente.

Los médicos sentaron al señor J.C. ante el detector de mentiras y, tras una rutina de calibración, le preguntaron: «¿Es usted Napoleón Bonaparte?».

El paciente pensó durante un instante y después contestó: «¡No! ¿Cómo se le ocurre? Yo soy J.C. Jones».

Todos sonrieron, excepto el operador del detector de mentiras, que informó de que el señor Jones ¡estaba mintiendo!

La máquina demostró que cuando el paciente decía la verdad (es decir, cuando afirmaba ser el señor Jones), estaba mintiendo... porque él creía que era Napoleón.

Yo soy Peter

El hecho de que alguien pudiera mentir cuando decía la verdad y su lógica contrapartida, es decir, la posibilidad de ser veraz diciendo falsedades, acabó de desordenar algunas ideas que me rondaban por la cabeza.

—Esto es terrible, Jorge —dije—. Esto significa que la verdad se convierte en un concepto absolutamente subjetivo y, por ende, relativo.

—En todo caso, después de lo hablado, lo que se desordena es el concepto de mentir, no el concepto de verdad. Lo verdadero podría seguir siendo absoluto, aunque admitiéramos que declarar como verdaderas algunas falsedades no fuera mentir. No obstante, como nuestra idea de la verdad está íntimamente relacionada con nuestro sistema de creencias, caeremos siempre en tu conclusión (con la que, además, coincido por esto y por otras razones): La verdad es relativa, subjetiva y, permíteme añadir algo más, cambiante y parcial.

—Es cierto —admití—. Y nada cambia lo que te decía antes. Me molesta que me mientan. Dicho de otro modo, sea cierto o no, me molesta que me digan algo que sé que no es verdad. Ni siquiera la relativa, subjetiva y parcial verdad de quien lo dice. Me molesta que me mientan.

—¿Y por qué piensas que te mienten?

—¿Otra vez? —dije yo—. ¿Otra vez?

—Quiero preguntarte por qué piensas que TE mienten a ti.

—¿Cómo que por qué? Es a mí a quien le dicen la mentira en cuestión —dije fastidiado.

—No te enfades. Yo creo que cuando alguien miente, ¡miente! Es decir: no TE miente; no ME miente. Simplemente, ¡MIENTE! En el mejor de los casos, SE miente.

—¡No!

—¡Sí! ¿Por qué miente la gente, Demián? Piénsalo. ¿Para qué?

—¡Yo que sé! Por mil motivos...

—Dime uno. El del asunto que hizo que llegaras de malhumor a la consulta.

—Para ocultar algo que hizo mal.

—Y eso, ¿para qué?

—Para que el otro no lo juzgue.

—¿Y por qué no quiere que lo juzgue?

—Porque sabe que el otro lo condenaría.

—¿Y por qué no quiere que el otro lo condene?

—Porque el otro le importa.

—¿Y?

—Y... no quiere tener que pagar ningún plato roto.

—Es decir, para no hacerse responsable.

—Claro.

—Bien. Digamos que ese es el móvil del noventa y nueve por ciento de las mentiras.

—Supongo que sí.

—Bien. ¿Y cómo sabe el mentiroso que tendría que

hacerse responsable? ¿Quién determina su responsabilidad?

—¡Nadie! ¡Bah! Él mismo.

—Eso es. Él mismo.

—¿Y?

—¿No te das cuenta? El mentiroso no es alguien que teme el resultado del juicio de otro, ni la condena que salga de ese juicio. El mentiroso ya se ha juzgado a sí mismo y se ha condenado. ¿Entiendes? El asunto ya ha sido juzgado. El mentiroso se esconde de su propio juicio, de su propia condena y de su propia responsabilidad. Como te he dicho, el problema no es del otro, sino del que miente.

Me quedé helado. Todo eso era cierto. Yo lo sabía porque lo había observado desde fuera y desde dentro. Yo mentía cuando ya me había juzgado y condenado a mí mismo.

—¡Pero es cierto que me miente!

—Tan cierto como cuando mi madre decía de mi hermano Cacho: «No me come nada». Mi hermano no LE comía carne ni LE tomaba sopa ni LE probaba «el flan que alimenta tanto...».

—No, no es lo mismo. Cuando alguien me miente, ME miente a mí.

—No, Demián. Acepto que creas que tú eres el centro de tu mundo. De hecho lo eres. Pero NO eres el centro DEL mundo. Él miente. No TE miente. Lo hace porque decide hacerlo, porque le conviene o porque le da la gana. Ese es SU privilegio. Decir que TE miente te lleva a crear un delirio autorreferencial en el que algo que en realidad es un problema suyo se convierte en TU problema. ¡No fastidies!

—¿Pero es un problema suyo?

—Cuando se miente para evadir una responsabilidad, es lo mismo que un síntoma. ¿Cuántas veces hemos visto juntos que, en última instancia, la neurosis no es más que una manera de no ser adultos, de escapar a la responsabilidad que implica crecer?

—No lo sé. Tengo que pensarlo. En la vida de todos los días, el mentiroso es el que se beneficia, no el que se fastidia.

—Aún cuando eso fuera cierto, la justicia no tiene nada que ver con la salud. Además, todo depende de lo que tú creas que es beneficiarse.

Conseguir que las cosas sean de una manera determinada por una mentira es difícil. Creo que, como mucho, una mentira puede conseguir que las cosas sucedan durante un rato, de una manera más deseada por el que miente (aunque internamente él sepa que esta forma es falsa, ficticia, cartón piedra, apoyado en su mentira).

—No mentimos para eso, o no nos damos cuenta. Me parece que yo, en todo caso, cuando miento busco control sobre la situación.

—Es decir, poder...

—Sí, en cierto modo, poder. Yo soy quien siempre sabe la verdad. Yo te hago actuar. Yo te engaño. Yo te estafo. Yo te fastidio... Un poder jodido, pero poder al fin y al cabo.

—¿Te cuento un cuento?

Hacía mucho que Jorge no me contaba un cuento.

—¡Venga!

—Bueno, casi un cuento.

192

Era una vez un bar de mala muerte, en uno de los barrios más turbios de la ciudad.

El ambiente sórdido parecía extraído de una novela policíaca de serie negra.

Un pianista borracho y ojeroso golpeaba un *blues* aburrido, en un rincón que apenas se divisaba entre la escasa luz y el humo de cigarrillos apestosos.

De repente, la puerta se abrió de una patada. El pianista cesó de tocar y todas las miradas se dirigieron a la entrada.

Era una especie de gigante lleno de músculos que se escapaban de su camiseta, con tatuajes en sus brazos de herrero.

Una terrible cicatriz en la mejilla daba aún más fiereza a su cara de expresión terrible.

Con una voz que helaba la sangre, gritó: «¿Quién es Peter?».

Un silencio denso y terrorífico se instaló en el bar. El gigante avanzó dos pasos, agarró una silla y la arrojó contra un espejo.

—¿Quién es Peter? —volvió a preguntar.

Un pequeño hombrecillo con gafas separó su silla de una de las mesas laterales. Sin hacer ruido, caminó hacia el gigantón y, con voz casi inaudible, susurró: «Yo... Yo soy Peter».

—¡Ah! ¿Así que tú eres Peter? Yo soy Jack, ¡hijo de puta!

Con una sola mano, lo levantó en el aire y lo arrojó contra un espejo. Lo levantó y le pegó dos puñetazos que parecía que le iban a arrancar la cabeza. Después le aplastó las gafas. Le destrozó la ropa y, por último, lo tiró al suelo y saltó sobre su estómago.

Un pequeño hilo de sangre empezó a brotar de la comisura de los labios del hombrecito, que quedó semiinconsciente tirado en el suelo.

El gigantón se acercó a la puerta de salida y, antes de irse, dijo: «Nadie se burla de mí. ¡Nadie!». Y se fue.

Apenas se cerró la puerta, dos o tres hombres se acercaron

a socorrer a la víctima de la paliza. Lo sentaron y le acercaron un whisky.

El hombrecito se limpió la sangre de la boca y empezó a reírse, primero suavemente y después a carcajadas.

La gente lo miró sorprendida. ¿Los golpes lo habían vuelto loco?

—No entendéis nada —dijo. Y siguió riendo—. Yo sí que me he burlado de ese idiota.

Los demás no podían evitar la curiosidad y lo asaltaron a preguntas.

¿Cuándo?

¿Cómo?

¿Con una mujer?

¿Por dinero?

¿Qué le has hecho?

¿Lo enviaste a prisión?

El hombrecito siguió riendo.

—No, no. ¡Yo me he burlado de ese estúpido ahora, delante de todos! Porque yo... ¡Ja, ja ja! Yo...

... ¡Yo no soy Peter!

Me fui del consultorio riéndome a carcajadas. Tenía la imagen del maltrecho hombrecito creyendo que se había burlado del grandote.

A medida que caminaba algunas manzanas, la risa se me fue pasando y me inundó una extraña sensación de autocompasión...

EL SUEÑO DEL ESCLAVO

Ya me había olvidado del enfado de aquel día.

Sentía que me importaba muchísimo más el tema de la mentira en sí misma.

Había pasado toda la semana pensando en el tema, redescubriendo mi propia tendencia a mentir, recordando mentiras mías y de los demás. Y siempre volvía a comprobar el concepto que Jorge había sembrado y que estaba creciendo con fuerza:

«Si hay un problema con las mentiras,
lo tiene el mentiroso».

Me atasqué un poco con las mentiras «piadosas».

Al principio, parecían pertenecer a otra categoría.

Parecía que allí no había ningún juicio ni autocondena.

Ni siquiera un intento de evadir responsabilidades.

Sin embargo, hilando fino, SÍ había un precio que yo no quería pagar cuando mentía para proteger a otros. Yo no quería enfrentarme con su dolor, o con su impotencia, o con su enfado.

Y como si esto fuera poco, me daba cuenta de que en muchas de esas mentiras piadosas, lo que pasaba era que me ponía en el lugar del otro. Como diría mi terapeuta, me identificaba con la víctima. Y entonces acariciaba pensamientos alineados bajo el título de «Si esta fuera mi realidad, yo preferiría no saberla». Y desde ese lugar, me sentía con derecho a decidir por los demás que no se enteraran de la verdad.

Dicho así, me daba cuenta de que la mentira era mucho más una manipulación macabra que un acto de piedad.

¡Qué horror!

Otra vez una mentira que no es para el otro, sino para mí mismo. ¿Hacia quién es la piedad? ¡Hacia mí mismo!

Casi todas las mentiras son piadosas, pero piadosas hacia uno mismo, piadosas hacia el que miente...

—Piadosas para con uno mismo —le conté.

—Qué bien, Demián. Nunca lo había pensado así. Me parece una idea poderosa —premió el gordo—. Las mentiras «piadosas» siempre son sospechosas y abren interrogantes a veces complicados desde el punto de vista moral y filosófico. Uno de los planteamientos éticos más trascendentes que conozco es el dilema socrático entre el hombre y el esclavo.

La última vez que oí hablar de él, lo mencionó Lea en un grupo de parejas que coordinábamos juntos. Cuando la escuché, resonó dentro de mí y recordé vagamente haber leído alguna vez la historia, restándole importancia. Sin embargo, al ver la discusión planteada entre quienes escuchaban, y al mismo tiempo estar asistiendo a mis propios procesos interiores, me di cuenta de que tenía algo más que agradecerle a Lea además de su amistad...

El relato es muy simple.

Voy paseando por un camino solitario.
Disfruto del aire, del sol, de los pájaros
y del placer de que mis pies me lleven
por donde ellos quieran.
A un lado del camino
encuentro a un esclavo durmiendo.
Me acerco y descubro que está soñando.
Por sus palabras y sus gestos adivino...
Sé lo que sueña:
el esclavo está soñando que es libre.
La expresión de su cara refleja paz y serenidad.
Me pregunto...
¿debo despertarlo y mostrarle que sólo es un sueño
y que sepa que sigue siendo un esclavo?
¿O debo dejarlo dormir todo el tiempo que pueda,
disfrutando aunque sea en sueños
de su realidad fantaseada?

—¿Cuál es la respuesta correcta...? —agregó Jorge.

Me encogí de hombros.

—No hay respuesta correcta —siguió—. Cada uno debe encontrar su propia respuesta, y no puede buscarse fuera de uno mismo.

—Yo creo que me quedaría paralizado frente al esclavo, sin saber qué hacer —dije.

—Voy a darte una ayudita, que al menos en algún caso te puede servir. Mientras estés paralizado acércate al esclavo y míralo. Si el esclavo soy yo, no lo dudes:

¡Despiértame!

La esposa del ciego

Aquel día yo estaba reivindicativo.

—Parece como si opinaras que no hay problema en la mentira, pero mentir está mal. Eso es lo que nos han enseñado.

—¿Estás seguro, Demián? ¿Es cierto que nos han enseñado a no mentir? Yo no estoy tan seguro... Imagínate esta escena (sucede todos los días, en todas las casas de todas las ciudades):

El niño acaba de ser descubierto en una mentira.

El padre, comprensivo y moderno, sabe que ESA mentira en concreto no es importante, sino el concepto moral de mentir. Así que...

El padre deja de hacer lo que está haciendo y se sienta con su hijo para explicarle, en lenguaje sencillo, por qué tiene que decir siempre la verdad, pase lo que pase y caiga quien cai...

Suena el teléfono.

El hijo, que está tratando de ganar puntos, dice: «¡Yo voy!». Y corre a atender el teléfono.

Al cabo de un rato, regresa.

—Es el corredor de seguros, papá.

—¡Uf! ¿Justo ahora? Dile que no estoy.

—¿Nos enseñan a no mentir?

No creo. Nos dicen que no hay que mentir, eso sí.

Pero... nuestros padres, nuestros maestros, nuestros sacerdotes, nuestros gobernantes, ¿nos enseñan que no hay que mentir?

Jorge hizo una pausa, cebó un mate y siguió:

—Parece como si entráramos en otro campo, el campo personal y subjetivo de qué le pasa a cada uno frente a la mentira. Y, en todo caso, por qué está mal mentir. Miles de veces hemos visto juntos que la sociedad en que vivimos detesta a los individuos impredecibles. Esto supone una pérdida de control que complica las reglas del juego de la convivencia, al menos en el sistema tal como está estructurado. En este sistema, mentir está mal porque si mientes nunca voy a poder saber a ciencia cierta qué piensas, qué haces ni qué te pasa. Para conservar el control de la situación, yo, como todos, necesito hechos verdaderos. Si mis sentidos no llegan a informarme, necesito la información que me des tú, necesito creer que lo que dices es cierto.

—Pero si no puedo confiar en lo que me dicen los demás —argumenté— tampoco puedo vivir.

—Nadie puede prohibirte que confíes, Demián. Lo que cuestiono es que pretendas prohibirle al otro que mienta.

—Pero, Jorge, si cada uno dijera lo que le da la gana, todo se volvería un horror. Si todos mienten y nadie puede creer en nadie, la situación se transforma en un caos.

—Es una posibilidad —dijo el gordo— pero no es la única. Hay otra posibilidad que es la que a mí me gusta pensar como más probable. Dijimos que uno miente porque juzgándose a sí mismo, teme el juicio de los demás. Dijimos también que el que miente ya se ha condenado.

Pero imagina un mundo en libertad, un mundo de permisos inconmensurables, un mundo donde nada tenga que ser prohibido, inconveniente ni obligatorio...

En un mundo así, nadie se condenaría, ni se juzgaría, ni esperaría juicios críticos de los demás. Y entonces, con la libertad de mentir o no mentir, con el permiso de decir la verdad u ocultarla, quizá suceda que todos a la vez dejemos de mentir y el universo se transforme por fin en un espacio confiable y relajado...

Esa también es una posibilidad, Demián.

—¿Estás seguro de que esa **es** una posibilidad?

—No, no estoy seguro. Pero hay tan pocas cosas de las cuales estoy seguro, que prefiero creer con seguridad en esta, que aunque no lo es, por lo menos tiene la ventaja de ser deseable.

—A ti cualquier autobús te lleva.

—No sé si me lleva, pero si tiene el número que yo espero, subo.

—Dime, gordo. Si es verdad que tu sueño es posible, ¿por qué el mundo no se decide a transitar ese espacio «relajado y confiable», como tú dices?

—Porque primero, Demián, tiene que vencer el miedo.

—¿Qué miedo?

—El miedo a la verdad. Algún día te contaré el cuento de la tiendecita de la verdad.

—¿Por qué no hoy?

—Porque hoy es el día de otro cuento...

En un pueblo había un señor que tenía una rara enfermedad en los ojos.

El hombre había estado ciego durante los últimos treinta años de su vida.

Un día llegó al pueblo un famoso médico a quien consultaron por su caso.

El doctor aseguró que operando al hombre podía devolverle la vista.

Su esposa (que se sentía vieja y fea) se opuso...

La ejecución

—Pero entonces la sinceridad no tiene valor para ti —protesté.

—Claro que la tiene, Demián. Lo que pasa es que me niego a instituirla por decreto.

—¿Y cómo va a llegar ese mundo deseado por ti y por mí?

—A medida que transcurra el tiempo y la vida, te ocurrirá, te está ocurriendo ya, que te encontrarás con otros y con otras con quienes eres tan libre que no necesitas mentir. Te encontrarás con algunos a quienes podrás permitirles tanto que sean como son que jamás se les ocurrirá mentirte. Esos son tus verdaderos amigos. Cuídalos —sentenció Jorge—. Y si esos amigos y tú os dais cuenta de que con vosotros empieza un nuevo orden...

—Dime, ¿para ti la franqueza es patrimonio exclusivo de la amistad?

—Sí. Pero cuidado: la franqueza es una cosa y la sinceridad es otra.

—¿Otra más?

—¡Otra!

—¿A ver?

—Franqueza viene de franco, de abierto. Recuerda la idea de «libre paso». Ser franco significa que no hay ningún espacio oculto en mi interior al que esté vedada la entrada. No existe ningún rincón de mi pensamiento, sentimiento o recuerdo que no conozca o que quiera mantener reservado. La sinceridad es mucho menos. La sinceridad para mí es: «Todo lo que te digo es cierto. Al menos, cierto para mí». Es decir, «no te miento», como dirías tú.

—O sea que se puede ser sincero y no ser franco.

—Absolutamente. La franqueza, Demián, es una relación sibarítica, como el Amor (así, con mayúscula). Un sentimiento reservado para pocos, muy pocos.

—Pero, Jorge, si eso es cierto, yo puedo tener espacios de mí mismo que te son vedados, sin dejar por eso de ser sincero. Es como decir que ocultar no es mentir.

—Por lo menos para mí, ocultar no es mentir. Siempre y cuando no mientas para ocultar.

—Un ejemplo, por favor.

Diálogo en una pareja.
—¿Qué te pasa?
—Nada...
(Sí. Algo le pasa y él sabe que algo le pasa, aunque no sepa qué. Está mintiendo.)

Otro caso:
—¿Qué te pasa?
—No sé...
(Sí. Algo le pasa y él sí sabe qué le pasa. Entonces está mintiendo.)

Uno más:

—¿Qué te pasa?

—No te quiero contestar ahora.

(Puede que parezca más problemático, pero esta persona está ocultando y es sincera.)

—Pero, Jorge, en los primeros dos ejemplos mi pareja lo toleraría o me comprendería. En este último, me mandaría a la mierda.

—Bueno, quizá sea hora de replantearte qué clase de pareja tienes, qué comprende y tolera cuando mientes y castiga cuando eres sincero.

—¿Siempre tienes una respuesta?

—¡Sí! Todos tenemos siempre una respuesta. Aunque esta sea a veces el silencio, otras la confusión y otras la fuga.

—Me tienes harto.

—A mí también me tengo harto.

—A ver, gordo. Déjame hacer un resumen.

—Adelante.

—Tú dices que no avalas la postura de clasificar el mentir como malo. Dices que esta es una decisión de cada uno en cada momento.

—Y en cada relación —añadió Jorge.

—Y en cada relación —asentí—. Sostienes además que mentir no es ocultar.

—No. Sostengo que ocultar no es mentir, que no es lo mismo.

—Es verdad. Y dices también que la sinceridad hay que reservarla para los amigos y la franqueza para «los elegidos». ¿Es así?

—Sí. Más o menos.

—Bien. Entonces el hecho de que yo crea en lo que dices siempre dependerá de la relación entre tú y yo. De mi confianza o de mi amor.

—Por supuesto. De eso y de tus ganas.

—¿Qué ganas?

—¿Te cuento un cuento?

En un lejano país vivía un señor feudal cuyo poderío sólo era equiparable a su crueldad.

En su territorio imperaba su ley, y a los campesinos incluso les estaba prohibido mencionar su nombre. El pueblo vivía oprimido por los alguaciles que él designaba y agobiado por los recaudadores de impuestos que les quitaban las pocas monedas que podían obtener vendiendo sus cosechas, sus vinos o sus trabajos de artesanía.

Nolav, que así se llamaba el señor, tenía un poderoso ejército del que de vez en cuando surgían algunos jóvenes oficiales que intentaban amotinarse para derrocarlo... Pero el tirano doblegaba todos esos intentos a sangre y fuego.

El sacerdote del pueblo era tan bondadoso como malvado el gobernante, un hombre respetuoso de su fe y que dedicaba su vida a ayudar a otros y a enseñar lo mucho que sabía.

Vivían con él en su casa quince o veinte discípulos que seguían su camino y aprendían de cada gesto y de cada palabra de su maestro.

Un día, después de la oración matinal, reunió a sus discípulos y les dijo: «Hijos míos, debemos ayudar a nuestro pueblo. Ellos podrían luchar por su libertad, pero el señor de la tierra les ha hecho creer que tiene demasiado poder para que los hombres y las mujeres se atrevan a enfrentarse a él. El miedo hacia Nolav ha crecido con ellos y, a menos que hagamos algo, morirán como esclavos».

—Lo que tú digas será hecho —contestaron al unísono.

—¿Aunque os cueste la vida? —preguntó.

—¿Qué es la vida si uno, pudiendo ayudar a su hermano, no lo hace? —contestó uno de los discípulos que hablaba como portavoz de todos.

Llegó el quinto día del tercer mes. Ese día se celebraba el cumpleaños del amo en el palacio, y por única vez en todo el año el señor de la tierra paseaba en su carruaje por el pueblo. Rodeado por una fuerte escolta y ataviado con trajes bordados de oro y piedras preciosas, Nolav empezó su paseo esa mañana.

Un bando oficial ordenaba que todos los campesinos se postraran ante el paso del carruaje real en señal de respeto.

Para sorpresa de todos, a pocas calles del palacio, el carruaje pasó ante una casa y uno de los súbditos permaneció de pie. Los guardias lo detuvieron inmediatamente y lo llevaron ante el señor.

—¿No sabes que debes inclinarte?

—Lo sé, alteza.

—Pero no lo has hecho.

—No lo he hecho.

—¿Sabes que te puedo condenar a muerte?

—Eso espero, alteza.

A Nolav le sorprendió la respuesta, pero no se intimidó.

—Bien. Si esa es la forma en que quieres morir, al atardecer el verdugo se ocupará de tu cabeza.

—Gracias, mi señor —dijo el joven. Y se arrodilló sonriente.

Entre la multitud, alguien gritó: «¡Mi señor, mi señor! ¿Puedo hablar?».

El dictador le permitió acercarse.

—Dime.

—Permitidme, mi señor, que sea yo y no él quien muera hoy.

—¿Estás pidiendo ser ejecutado en su lugar?

—Sí, señor. Por favor. Siempre os he sido fiel. Permitídmelo, por favor.

El amo se sorprendió y preguntó al condenado: «¿Es pariente tuyo?».

—No lo he visto jamás en mi vida. No le permitas reemplazarme. La falta es mía y es mi cabeza la que debe rodar.

—No, alteza, la mía.

—No, la mía.

—La mía.

—¡Silencio! —gritó el señor—. Puedo complaceros a los dos. Ambos seréis decapitados.

—Bien, alteza. Pero como he sido el primer condenado creo que tengo derecho a morir el primero.

—No, señor. Ese privilegio me pertenece a mí, porque ni siquiera he ofendido a su alteza.

—Basta ya. ¿Qué es esto? —gritó Nolav—. Callaos y os concederé el privilegio de ser ejecutados a la vez. Hay más de un verdugo en esta tierra.

Una voz se alzó entre la multitud.

—En ese caso, señor, yo también quiero estar en la lista.

—Y yo, señor.

—Y yo.

¡El señor feudal estaba atónito!

No entendía qué estaba pasando.

Y si había algo que ponía de malhumor al dictador era no poder entender lo que sucedía.

Cinco jóvenes sanos pedían ser decapitados, y eso era una cosa incomprensible.

Entrecerró los ojos para reflexionar.

En pocos segundos tomó una decisión. No quería que sus súbditos pensaran que le temblaba el pulso.

¡Serían cinco los verdugos!

Pero cuando abrió los ojos y miró a la gente que estaba reunida a su alrededor, ya no eran cinco, sino más de diez las voces de los que reclamaban ser ejecutados. Y las manos seguían levantándose.

Esto era demasiado para el poderoso señor feudal.

—¡Basta! —gritó—. Se suspenden todas las ejecuciones hasta que yo decida quiénes van a morir y cuándo.

Entre las protestas y las reclamaciones de los que querían morir, el carruaje regresó al palacio.

Una vez allí, Nolav se encerró en sus habitaciones y se dedicó a pensar en el tema.

De pronto, se le ocurrió una idea.

Mandó llamar al sacerdote. Él debía saber algo sobre aquella locura colectiva.

Rápidamente fueron a buscar al anciano y lo llevaron ante el señor feudal.

—¿Por qué tu pueblo se pelea por ser ejecutado?

El anciano no respondió.

—¡Responde!

Silencio.

—¡Te lo ordeno!

Silencio.

—No me desafíes. ¡Tengo maneras de hacerte hablar!

Silencio.

El anciano fue conducido a la sala de torturas y sometido durante horas a los peores tormentos. Pero se negó a hablar.

El tirano envió a sus guardias al templo a buscar a algunos de sus discípulos.

Cuando estuvieron allí, les mostró el cuerpo maltrecho del

maestro y les preguntó: «¿Cuál es la razón por la que los hombres quieren ser ejecutados?».

Con un hilo de voz, el anciano sacerdote exclamó: «¡Os prohíbo hablar!».

El señor de la tierra sabía que no podía amenazar con la muerte a ninguno de los que allí estaban. Así que les dijo: «Haré sufrir a vuestro maestro los peores dolores que un hombre haya. concebido. Y os obligaré a presenciarlo. Si amáis a este hombre, decidme el secreto y después todos podréis marcharos».

—Está bien —dijo uno de los discípulos.

—Cállate —dijo el anciano.

—Continúa —dijo Nolav.

—Si alguien muere ejecutado hoy... —empezó el discípulo.

—Cállate —repitió el anciano—. Maldito seas si revelas el secreto...

El señor hizo un gesto y el viejo recibió un golpe que lo dejó inconsciente.

—Sigue —ordenó.

—El primer hombre que muera ejecutado hoy, después de la puesta de sol, se volverá inmortal.

—¿Inmortal? ¡Mientes! —dijo Nolav.

—Está en las Escrituras —dijo el joven. Y abriendo un libro que llevaba en su bolsa, leyó el párrafo que lo confirmaba.

«¡Inmortal!», pensó el señor feudal.

Lo único que el dictador temía era la muerte, y esta era la oportunidad para vencerla. «Inmortal», pensó.

El señor no lo dudó un momento. Pidió papel y pluma y ordenó su propia ejecución.

Los echaron a todos del palacio y, al caer el sol, Nolav fue ejecutado según su orden.

Así, el pueblo se libró de su opresor y se levantó para luchar por su libertad. Algunos meses después, todos eran libres.

Al señor feudal nunca lo volvió a mencionar nadie, salvo la noche de su ejecución, cuando los discípulos, mientras curaban las heridas de su maestro, recibían de él su bendición por haber arriesgado sus cabezas, y su felicitación por sus maravillosas actuaciones.

—Demián, ¿por qué el señor feudal creyó una mentira como esa? ¿Por qué fue capaz de ordenar su propia ejecución por una historia que le contaban sus enemigos? ¿Por qué cayó en la trampa del maestro? Hay una sola respuesta:

PORQUE QUERÍA CREERLO.

Quería pensar que era cierto. Y esta, Demián, es una de las verdades más increíblemente movilizadoras que yo haya conocido en toda mi vida. Creemos algunas mentiras por muchas razones, pero sobre todo porque queremos creerlas.

¿Por qué te obsesionas con quien TE miente?, preguntabas el otro día.

¡Te obsesionas porque tú querrías creer que lo que te dice es cierto!

Contestó su propia pregunta.

NADIE TIENE MÁS POSIBILIDADES
DE CAER EN UN ENGAÑO
QUE AQUEL PARA QUIEN LA MENTIRA
SE AJUSTA A SUS DESEOS.

El juez justo

Como siempre, después de una revolución en mi cabeza las ideas empezaban a decantarse y las relaciones entre ellas a recuperarse.

¿Cuántas veces en mi vida había intentado entender el incomprensible misterio de los eternos compradores de duros a cuatro pesetas?

Nunca había podido encontrar un asomo de explicación a la inacabable existencia de víctimas del «timo de la estampita».

¿Qué le pasaba por la cabeza a alguien que terminaba comprando un transatlántico por unas monedas?

¿Cómo llega alguien a asociarse con un estafador?

¿Por qué una persona medianamente inteligente puede acabar descubriendo que después de pagar una mercancía a un precio ridículo no es más que basura camuflada?

Ahora, por fin, aparecía la respuesta: todos los estafados habían pensado en algún momento que la situación les beneficiaba. La mayoría habían pasado un rato relamiéndose en secreto por su ganancia posterior. Muchos habían disfrutado creyendo que eran ellos los listillos que estaban estafando a otro...

¿Hacía yo lo mismo cuando me tragaba algún anzuelo?

Sí, claro que hacía eso.

Eso es exactamente lo que hago cuando se quedan conmigo.

«Que se queden conmigo» no es otra cosa que aferrarme a cualquier promesa o afirmación que suene agradable a mis oídos.

«Que se queden conmigo...» Incluso recuerda a un anzuelo.

Y cómo no va a sonar así. Hasta la misma expresión castellana «tragarse el anzuelo» insinúa ese punto. Tragarse un anzuelo en el que hay ensartada una tentadora lombriz o, peor aún, una atractiva, colorida y vistosa mosca... ¡de plástico!

Se quedan conmigo, me trago el anzuelo... ¿A qué se parecen los demás, los que pescan? ¿Cuáles son las lombrices que más me apetecen?

Las promesas de amor eterno...

La fantasía de la aceptación total...

La valoración y el reconocimiento de los demás...

El deseo de ser el primero en ver algo que nadie ha visto...

La vanidad de destacar por encima de los demás...

La mirada que me ve como yo quisiera ser...

La permanencia incondicional de otro a mi lado...

Y tantas otras...

¡Tantas!

Yo me daba cuenta de que, con el tiempo, la experiencia y el crecimiento, aprendía a escupir cada vez más rápido los anzuelos que me tragaba... Pero, ¿y las heridas?

—¿Y las heridas, gordo? —le pregunté—. ¿Y las heridas? Tú me enseñas a despreciar las lombrices muertas y descoloridas. Me muestras permanentemente cuáles son las mosquitas de plástico para que no me ensarte en los anzuelos, pero me parece que no me enseñas cómo no lastimarme. Parece que el destino de los crédulos como yo es terminar andando por la vida llenos de las cicatrices que han ido dejando algunos anzuelos mordidos y otros que no llegamos a tragar. Por lo menos, yo lo que quiero es no hacerme más daño, gordo. Me niego a permanecer en manos de la decisión de los demás de dañarme o curarme. No quiero...

—Es el precio, Demián, es el precio. ¿Te acuerdas de la rosa de *El principito*?

—Sí... Ya sé lo que quieres decir: «...debo soportar algunos gusanos si quiero conocer las mariposas...».

—Eso —confirmó Jorge.

Me quedé en silencio meditando en una mezcla de dolor, indignación, resignación e impotencia.

Después me quejé.

—Sigo pensando que el mentiroso tiene demasiadas ventajas y pocos gastos.

—A veces sí y a veces no —dijo el gordo—. La mentira tiene muchos inconvenientes. De todos modos, lo peor de la mentira es que NO SIRVE... Antes o después, toda mentira queda expuesta y todo lo aparentemente conseguido se desvanece como la niebla al salir el sol... Y es más, a veces la vida hace justicia y el engaño se vuelve en contra del mentiroso.

Jorge entrecerró los ojos y buscó en su memoria.

—Viene un cuento... —adiviné.

—Viene...

Cuando Lien-Tzu murió, su esposa Zumi, su hijo mayor Ling y sus dos niños pequeños quedaron en la más absoluta pobreza.

Cuando el hombre de la casa estaba vivo trabajaba de sol a sol en las plantaciones de arroz de Cheng.

Le pagaban la mayor parte de su salario en arroz y sólo recibía algunas monedas, que apenas eran suficientes para las mínimas necesidades de la familia, a la cabeza de las cuales estaba el pago de los maestros y los cuadernos de estudio para Ling y sus hermanos.

El día de su muerte, Lien-Tzu salió de su casa, como siempre, antes del amanecer. Camino de la plantación, escuchó los gritos pidiendo socorro que daba un anciano que estaba siendo arrastrado por las caudalosas aguas del río.

Lien-Tzu lo reconoció. Era el viejo Cheng, el dueño de la plantación donde él trabajaba.

Él nunca había sido un buen nadador, y había que ser un gran nadador sólo para atreverse a entrar en el río, y mucho más para intentar rescatar al anciano.

Miró a su alrededor, pero nadie transitaba el camino a esa hora... Y correr a buscar ayuda le iba a llevar más de media hora...

Casi en un impulso, Lien-Tzu tomó aire y se arrojó al río.

Apenas llegó al anciano, la corriente empezó a arrastrarlo también río abajo.

Los cuerpos sin vida de ambos aparecieron abrazados en el remanso del río, unos kilómetros más abajo...

Tal vez porque de alguna manera los hijos del anciano quisieron hacer responsable a Lien-Tzu de la muerte de su padre, y quizá porque el pequeño Ling era demasiado joven para el trabajo, o quizá porque, como dijeron, no había tanto trabajo en los arrozales, la cuestión fue que los hijos del muerto se negaron a concederle a Ling el derecho a conservar el trabajo de su padre.

El joven Ling insistió.

Primero les dijo que, con trece años, era bastante mayor para el trabajo. Después les dijo que ese trabajo lo había heredado de su padre. Después habló sobre su capacidad de trabajo y sus habilidades manuales. Y cuando todo esto no sirvió, Ling les suplicó que le dieran el trabajo argumentando la necesidad económica de su familia.

Ningún argumento fue suficiente y el joven fue invitado a abandonar la plantación.

Ling se indignó y empezó a alzar la voz, a reivindicar el sacrificio de su padre, a hablar de explotación, de derechos, de demandas, de exigencias...

En medio de un forcejeo, Ling fue expulsado a empellones del lugar y arrojado a la calle polvorienta...

Desde entonces, la familia comía cuando podía, sustentada por algunos trabajos temporales que conseguía Ling y el sacrificio de su madre, que lavaba y cosía ropas para otros.

Un día, como todos los días, Ling estaba saliendo de la plantación porque, como todos los días, había ido a pedir trabajo y, como todos los días, le habían dicho que no había nada para él...

Salía con la cabeza baja, mirando hacia el suelo y sus sandalias desgastadas.

Daba patadas a las piedras que encontraba, intentando encontrar consuelo a su dolor.

De repente, le dio una patada a algo y oyó un ruido diferente. Buscó con la mirada el objeto golpeado...

No era una piedra, sino una bolsita de cuero cerrada con un cordel y cubierta de tierra.

El joven la volvió a golpear con el pie.

No estaba vacía. Hacía un hermoso ruido al rodar por el suelo.

Ling siguió dando patadas a la bolsita durante horas y horas, disfrutando del sonido que hacía...

Finalmente, la recogió y la abrió.

Dentro de la bolsita había un montón de monedas de plata... ¡Muchísimas monedas! Más de las que había visto en su vida...

Las contó.

Eran quince. Quince hermosas, nuevas y brillantes monedas.

Y eran suyas.

Él las había encontrado tiradas en el suelo.

Él les había dado patadas durante media hora.

Él había abierto la bolsa.

No había duda de que eran suyas...

Ahora, por fin su madre podría dejar de trabajar, sus hermanos volverían a estudiar y todos podrían comer lo que quisieran... todos los días.

Corrió al pueblo para hacer unas compras...

Llegó a casa cargado de comida, juguetes para sus hermanos, mantas para abrigarse y dos hermosos vestidos, traídos de la India, para su madre.

Su llegada fue una fiesta... Todos tenían hambre y nadie preguntó de dónde había salido la comida hasta que se hubo terminado.

Después de la cena, Ling repartió los regalos y cuando los niños, cansados de jugar, se fueron a dormir, Zumi hizo señas a Ling para que se sentara a su lado.

Ling ya sabía qué quería su madre.

—No creerás que lo robé —dijo Ling.

—Nadie te regalaría todo esto por nada... —dijo su madre.

—No, nadie hace regalos —asintió Ling—. Lo he comprado. Yo lo he comprado.

—¿Y de dónde has sacado el dinero, Ling?

Y el joven le contó a su madre cómo había encontrado la bolsa de las monedas...

—Ling, hijo mío: ese dinero no es tuyo —dijo Zumi.

—¿Cómo que no es mío? —protestó Ling—. Yo lo he encontrado.

—Hijo, si tú lo has encontrado, alguien lo ha perdido. Y quien lo haya perdido es el verdadero dueño del dinero —sentenció la mujer.

—No —dijo Ling—. Quien lo haya perdido, lo ha perdido, y quien lo haya encontrado, lo ha encontrado. Yo lo he encontrado. Y si no tiene dueño, es mío.

—Bien, hijo —siguió la madre—. Si no tiene dueño es tuyo. Pero si tiene dueño hay que devolverle su propiedad...

—No, madre.

—Sí, Ling. Recuerda a tu padre y piensa qué te diría él.

Ling bajó la cabeza y asintió a disgusto.

—¿Y qué haré con las monedas que he gastado? —preguntó el joven.

—¿Cuántas monedas has gastado?

—Dos.

—Bien, ya veremos cómo podemos pagarlas —dijo Zumi—. Ahora vete al pueblo y pregúntale a la gente quién ha perdido una bolsa de cuero. Empieza por preguntar cerca de donde la has encontrado.

De nuevo con la cabeza baja, esta vez saliendo de su casa, Ling se lamentaba de su destino.

Al llegar al pueblo, entró en la plantación y preguntó al encargado si alguien había extraviado algo.

El encargado no sabía responderle, pero le dijo que lo averiguaría.

Al rato, el hijo mayor del anciano y actual dueño del arrozal salió a su encuentro.

—¿Tú te has llevado mi bolsa de monedas? —le preguntó en tono acusador.

—No señor, la he encontrado en la calle —contestó Ling.

—Dámela, ¡rápido! —le gritó.

El joven sacó la bolsa de entre sus ropas y se la dio.

El hombre vació la bolsa en su mano y empezó a contar...

El muchacho se anticipó: «Verá que sólo faltan dos monedas, señor Cheng. Yo reuniré el dinero para devolvérselas o trabajaré gratis para compensarle».

—¡Trece! ¡Trece! —rugió—. ¿Dónde están las monedas que faltan?

—Ya se lo he dicho, señor —empezó el joven—. Yo no sabía que la bolsa era suya. Pero le devolveré su dinero...

—¡Ladrón! —lo interrumpió el hombre—. ¡Ladrón! Yo te enseñaré a no quedarte con lo que no es tuyo —y salió a la calle gritando—. Yo te enseñaré... Yo te enseñaré...

El joven se fue a su casa. No sabía si era mayor su rabia o su desesperación.

A su llegada, le contó a Zumi lo sucedido y ésta lo consoló.

Le prometió que ella hablaría con aquel hombre para arreglar el asunto.

Sin embargo, al día siguiente, un emisario del juez llegó con una citación para Zumi y para Ling por el robo de diecisiete monedas de una bolsa.

¡Diecisiete!

Ante el juez, el hijo del anciano declaró bajo juramento que una bolsa de cuero había desaparecido de su escritorio.

—Fue el mismo día que Ling vino a pedir trabajo —declaró Cheng—. Y al día siguiente apareció este ladronzuelo diciendo que había «encontrado» esa bolsa y preguntando si alguien «la había perdido». ¡Qué descaro!

—Continúe, señor Cheng —dijo el juez.

—Por supuesto, le dije que la bolsa era mía y cuando me la devolvió revisé inmediatamente el contenido y confirmé lo que sospechaba: faltaban monedas. ¡Diecisiete monedas de plata!

El juez escuchó atentamente el relato y después dirigió su mirada hacia el muchacho que, avergonzado por la situación, no se atrevía a hablar.

—¿Qué tienes que decir, Ling? La acusación que aquí se te hace es muy seria —preguntó el juez.

—Señor juez, yo no he robado nada. Encontré esa bolsa en la calle. Yo no sabía que el dueño era el señor Cheng. Es cierto que abrí la bolsa y es cierto también que me gasté parte del dinero en comida y juguetes para mis hermanos, pero fueron sólo dos las monedas y no diecisiete —el joven sollozaba—. ¿Cómo podría haber tomado diecisiete monedas de la bolsa si no tenía más que quince cuando la encontré? Yo tomé sólo dos monedas, señor juez, sólo dos.

—Veamos —dijo el juez—. ¿Cuántas monedas tenía la bolsa cuando el joven la devolvió?

—Trece —contestó el demandante.

—Trece —asintió Ling.

—¿Y cuántas monedas tenía la bolsa cuando la perdió usted? —preguntó el juez.

—Treinta, su señoría —contestó el hombre.

—No, no —interrumpió Ling—. Tenía sólo quince monedas. Lo juro, lo juro.

—¿Juraría usted —interrogó al dueño del arrozal— que la bolsa tenía treinta monedas de plata cuando estaba en su escritorio?

—Claro, señor juez —confirmó—. ¡Lo juro!

Zumi levantó su mano tímidamente y el juez le hizo señas para que hablara.

—Señor juez —dijo Zumi—, mi hijo es un niño aún y reconozco que ha cometido más de un error en esta situación.

Sin embargo, hay algo que puedo asegurar. Ling no miente. Si él dice que gastó sólo dos monedas, es la verdad. Y si dice que la bolsa tenía sólo quince monedas cuando la encontró, esa debe ser la verdad. Quizá, señor, alguien encontró la bolsa antes de...

—Alto, señora —interrumpió el juez—. Es mi tarea y no la suya decidir qué pasó y administrar justicia. Quería hablar y se le ha permitido. Ahora siéntese y espere mi fallo.

—Eso, señoría, el fallo. Queremos justicia —dijo el demandante.

El juez hizo una seña a su ayudante para que hiciera sonar el gong. Esto quería decir que el juez iba a dar su veredicto.

—Demandante y demandados: pese a que al principio la situación era confusa, ahora se ha vuelto clara —empezó el juez—. No tengo razón para dudar de la palabra del señor Cheng cuando jura que perdió una bolsa con treinta monedas de plata...

El hombre sonrió malvadamente mirando a Ling y a Zumi.

—Sin embargo, el joven Ling asegura haber encontrado una bolsa con quince monedas —siguió el juez—, y tampoco tengo razón para dudar de su palabra...

Un silencio se produjo en la sala, y el juez siguió.

—Por lo tanto, es evidente para este tribunal que la bolsa encontrada y devuelta NO ES la que perdió el señor Cheng y, por lo tanto, no corresponde ninguna reclamación a la familia de Lien-Tzu. No obstante, se dejará archivada la reclamación del demandante, a quien se le deberá entregar cualquier bolsa que se encuentre y se devuelva en los próximos días y cuyo contenido de origen sea de treinta monedas de plata.

El juez sonrió y se encontró con los ojos agradecidos de Ling.

—Y en cuanto a esta otra bolsa, jovencito...

—Sí, señoría —balbuceó el joven—. Me doy cuenta de mi responsabilidad y estoy dispuesto a pagar por mi error.

—¡Cállate! En cuanto a la bolsa de las quince monedas, decía, debo admitir que nadie la ha reclamado todavía, y que dadas las circunstancias —dijo, mirando de reojo al señor Cheng— creo que es poco probable que alguien la reclame. Por lo tanto, entiendo que la bolsa puede ser declarada propiedad de quien la haya encontrado. Y como tú la encontraste, ¡es tuya!

—Pero, señoría... —empezó a decir Cheng.

—Señoría... —intentó empezar Ling.

—Señor juez... —quiso decir Zumi.

—¡Silencio! —ordenó el juez—. ¡Caso juzgado! Fuera todos de aquí...

El juez se levantó y salió con rapidez del recinto, mientras el ayudante volvía hacer sonar el gong...

La tienda de la verdad

—Dime, Jorge. Casi todo el mundo tiene la idea de que cualquier persona necesita asistir a terapia. Yo sé que tú no estás de acuerdo, y creo que ni siquiera consideras necesaria la terapia indiscriminada. Pero ahora me pregunto si cualquiera puede beneficiarse de realizar un proceso terapéutico.

—Sí.

—¿Cualquiera?

—Digámoslo así: a cualquiera que quiera beneficiarse, puede serle útil.

—Pero, ¿por qué alguien podría no querer beneficiarse?

—Anthony de Mello cuenta un cuento maravilloso que me parece que podría ayudarnos en esta búsqueda...

El hombre paseaba por aquellas pequeñas callecitas de la ciudad provinciana. Tenía tiempo y por eso se detenía algunos instantes delante de cada escaparate, delante de cada tienda, en cada plaza. Al torcer una esquina se encontró de pronto frente a un modesto local cuya marquesina estaba en blanco. Intrigado, se acercó a la vidriera y arrimó la cara al cristal para poder mirar dentro del oscuro escaparate... En el interior solamente se veía un atril que sostenía un cartelito escrito a mano que anunciaba:

Tienda de la verdad

El hombre estaba sorprendido. Pensó que era un nombre de fantasía, pero no pudo imaginar qué vendían.

Entró.

Se acercó a la señorita que estaba en el primer mostrador y preguntó: «Perdón, ¿esta es la tienda de la verdad?».

—Sí, señor. ¿Qué tipo de verdad está buscando? ¿Verdad parcial, verdad relativa, verdad estadística, verdad completa?

Así que allí vendían verdad. Nunca se había imaginado que aquello era posible. Llegar a un lugar y llevarse la verdad era maravilloso.

—Verdad completa —contestó el hombre sin dudarlo.

«Estoy tan cansado de mentiras y falsificaciones», pensó. «No quiero más generalizaciones ni justificaciones, engaños ni fraudes.»

—¡Verdad plena! —ratificó.

—Bien, señor. Sígame.

La señorita acompañó al cliente a otro sector, y señalando a un vendedor de rostro adusto, le dijo: «El señor le atenderá».

El vendedor se acercó y esperó a que el hombre hablara.

—Vengo a comprar la verdad completa.

—Ajá. Perdone, pero, ¿el señor sabe el precio?

—No. ¿Cuál es? —contestó rutinariamente. En realidad, él sabía que estaba dispuesto a pagar lo que fuera por toda la verdad.

—Si usted se la lleva —dijo el vendedor— **el precio es que nunca más volverá a estar en paz.**

Un escalofrío recorrió la espalda del hombre. Nunca se había imaginado que el precio fuera tan alto.

—Gra... gracias... Disculpe... —balbuceó.

Dio la vuelta y salió de la tienda mirando al suelo.

Se sintió un poco triste al darse cuenta de que todavía no estaba preparado para la verdad absoluta, de que aún necesitaba algunas mentiras en las que encontrar descanso, algunos mitos e idealizaciones en los cuales refugiarse, algunas justificaciones para no tener que enfrentarse consigo mismo...

«Quizá más adelante», pensó.

—Demián: no necesariamente lo que para mí es beneficioso lo es también para otro. Puede suceder y es justo que así sea que alguien crea que el precio de cierto beneficio es demasiado costoso. Es lícito que cada uno decida qué precio quiere pagar a cambio de lo que recibe, y es lógico que cada uno elija el momento para recibir lo que el mundo le ofrece, sea la verdad o cualquier otro «beneficio».

Yo no sabía qué decir.

Y Jorge añadió:

—Hay un viejo proverbio árabe que dice:

«PARA PODER DESCARGAR UN CARGAMENTO DE HALVÁ
LO MÁS IMPORTANTE ES TENER RECIPIENTES
DONDE GUARDAR EL HALVÁ»

... con la sabiduría y con la verdad
pasa lo mismo que con el halvá...

PREGUNTAS

La sesión había empezado con aquel mal rollo insoportable que se daba cada vez que yo llegaba al consultorio y no sabía de qué quería hablar y no hablaba. O sabía de qué quería hablar y no lo hacía. O me daba cuenta de que hubiera sido mejor no ir, pero ya estaba allí. O el gordo tampoco tenía ganas de hablar y no me ayudaba. O sí tenía ganas de ayudar y se callaba...

Esas eran las sesiones silenciosas.

Sesiones densas.

Sesiones pesadas.

—Ayer escribí algo —le dije al gordo, por fin.

—¿Sí...?

«Breve respuesta», pensé.

—Sí —contesté, más breve aún.

—¿Y...? —preguntó.

«Ya me vuelve a fastidiar», pensé.

—Se titula *Preguntas*, pero no son preguntas.

—¿Y qué quieres hacer con tus preguntas que no son preguntas?

—Me gustaría leerlas aquí contigo. No las he releído

desde que las escribí anoche. Yo sé que no estoy buscando las respuestas, así que no quiero que contestes. Quiero que escuches. Quiero decir que son planteamientos, no preguntas.

—Entiendo... —dijo el gordo. Y se dispuso a escuchar.

Difícil, ¿no?

¿Casi imposible?

¿O quizá... francamente imposible?

¿Cómo se vive siendo diferente?

¿Qué sentido tiene vivir atormentado?

¿Se puede vivir de otra manera siendo lúcido o al menos teniendo la mente clara?

Si no fuera así, ¿para qué trabajo conmigo mismo?

¿Para qué hago terapia?

¿Cuál es la función de un terapeuta? ¿Desadaptar a la gente que supuestamente lo va a ver porque sufre?

¿Y yo qué hago en esta búsqueda?

¿Entonces lo que hago es canjear un sufrimiento por otro, que ni siquiera tiene el consuelo de ser compartido por casi todos?

¿Qué es la psicoterapia? ¿Una enorme fábrica de frustraciones para «exquisitos»?

¿Algo así como una secta de sádicos, inventores de sofisticados métodos de tortura refinados y exclusivos?

¿Será cierto que es mejor sufrir mucho una realidad que disfrutar la ignorancia del universo fabulado?

¿Para qué se puede utilizar la conciencia plena de la soledad y el compromiso existencial con uno mismo?

¿Qué ventaja, por favor, qué ventaja tiene habituarse a no esperar nada de nadie?

Si el mundo tangible es basura, si las personas reales son una mierda, si las auténticas situaciones de nuestras vidas son un mal rollo, ¿será sanarse embadurnarse de excrementos y nadar entre los desperdicios de la humanidad?

¿No tendrán razón las religiones que ofrecen consuelo allí para lo que no se puede obtener aquí?

¿No tendrán también razón cuando depositan todo el trabajo en un dios todopoderoso que se va a ocupar de nosotros si nos portamos bien?

¿No es mucho más fácil portarme bien que ser yo mismo?

¿No es acaso mucho más útil y sencillo aceptar el concepto sobre el bien y el mal que todos aceptan como cierto?

O, por lo menos, ¿no será mejor hacer como todo el mundo, que funciona como si estuvieran de acuerdo con él a pies juntillas?

¿No tendrán razón los brujos, magos, curanderos y hechiceros cuando quieren sanarnos con la magia de nuestra fe?

¿No estarán en lo cierto quienes apuestan por la capacidad ilimitada de ejercer control con nuestra mente sobre todo hecho o situación externa?

¿No será cierto que en realidad no existe nada fuera de mí, y mi vida es sólo una pequeña pesadilla de cosas, personas y hechos inventados por mi creativa imaginación?

¿Quién puede creer que esto que sucede es la única posibilidad?

Y, si es así, ¿cuál es la ventaja de saber más sobre esta posibilidad?

¿Qué obligación tiene otra persona de entenderme?

¿Qué obligación tiene de aceptarme?

¿Qué obligación tiene de escucharme?

¿Qué obligación tiene de aprobarme?

¿Qué obligación tiene de no mentirme?

¿Qué obligación tiene de tenerme en cuenta?

¿Qué obligación tiene de quererme como a mí me gustaría?

¿Qué obligación tiene de quererme cuanto a mí me gustaría?

¿Qué obligación tiene cualquier otra persona de quererme?

¿Qué obligación tiene de respetarme?

¿Qué obligación tiene el otro de enterarse de que yo existo?

Y si nadie se entera de que yo existo, ¿Para qué existo?

Y si mi existencia no tiene sentido sin otro, ¿cómo no sacrificar cualquier cosa, sí, CUALQUIER COSA, para que el sentido permanezca a mi alcance?

... Y si el camino desde el parto hasta el ataúd es solitario, ¿para qué engañarnos haciendo como si pudiéramos encontrar compañía?

El gordo carraspeó...

—Qué nochecita la de anoche, ¿eh?

—Sí... —dije—. Negra, muy negra.

Mi terapeuta alargó los brazos y me hizo señas para que me sentara en su falda.

Cuando lo hice, Jorge me abrazó como sospecho que se abraza a un niño...

Yo sentí el calor y el amor del gordo y allí me quedé todo lo que quedaba de la sesión, en silencio, pensando...

El plantador de dátiles

—Mira, todo lo que tú me enseñas parece muy cierto y, por supuesto, me encantaría pensar que es posible vivir así... Sin embargo, la verdad es que creo que tu modelo de vida no es más que un hermoso planteamiento teórico, inaplicable a la realidad cotidiana.

—No creo...

—¡Claro! Tú no crees porque para ti debe ser más fácil que para los demás. Tú has creado una forma de vivir a tu alrededor, y entonces ahora es sencillo. Pero yo, y casi todos, vivimos en un mundo normal y corriente. Nosotros jamás podríamos hacer todo lo que hace falta para llegar a disfrutarlo.

—La verdad, Demián, es que yo vengo de ese mismo mundo real del que vienes tú. Que yo habito este mismo planeta cotidiano que habitamos todos y que convivo con la misma gente normal y corriente que tú conoces... Admito que vivo un poco mejor que la mayoría de las personas que conozco, pero te quiero dejar claras dos cosas: la primera es que el coste no fue pequeño. Construir este «entorno», como lo llamas tú, me costó mucha energía y dedicación, mucho dolor y sobre todo muchas pérdidas. La segunda es que se trata de un proceso. Quiero decir que cambiar lo que tenía que cambiar, conseguir que no se desmoronase lo que había que preservar, y recorrer los caminos que había que explorar, me llevó un tiempo. No fue algo que ocurrió solo, ni que sucedió de un día para otro...

—Lo imagino. Pero por lo menos sabías que al final estaba el premio que hoy disfrutas.

—No es así. Y ese es otro de los prejuicios con que tú cuentas para tu análisis. Yo nunca he tenido la garantía de ningún premio. Más bien, te diría que todo el camino que llevo recorrido hasta aquí no es más que una apuesta a un resultado que, en realidad, tampoco ha llegado todavía.

—¿Cómo que no ha llegado?

—Todavía me queda mucho por hacer, Demián. Es más, no creo que consiga en toda mi vida, aunque la imagine larguísima, llegar a disfrutar de la plenitud total. Disfrutar de la completa falta de expectativas, disfrutar de la actitud mental de aceptación plena de los hechos...

—¿Me estás diciendo que estás tomándote todo este trabajo aunque piensas que nunca llegarás a disfrutarlo plenamente?

—Sí.

—Estás loco.

—Es verdad. Pero para tu beneficio, soy un loco que cuenta cuentos y que ahora está a punto de contarte uno.

En un oasis escondido entre los más lejanos paisajes del desierto se encontraba el viejo Eliahu de rodillas, al lado de unas palmeras datileras.

Su vecino Hakim, el acaudalado mercader, se detuvo en el

oasis para que sus camellos abrevaran y vio a Eliahu sudando mientras parecía escarbar en la arena.

—¿Qué tal, anciano? La paz sea contigo.

—Y contigo —contestó Eliahu sin dejar su tarea.

—¿Qué haces aquí, con este calor y esa pala en las manos?

—Estoy sembrando —contestó el viejo.

—¿Qué siembras aquí, Eliahu?

—Dátiles —respondió Eliahu mientras señalaba el palmar a su alrededor.

—¡Dátiles! —repitió el recién llegado. Y cerró los ojos como quien escucha la mayor estupidez del mundo con comprensión—. El calor te ha dañado el cerebro, querido amigo. Ven, deja esa tarea y vamos a la tienda a beber una copa de licor.

—No, debo terminar la siembra. Luego, si quieres, beberemos...

—Dime, amigo. ¿Cuántos años tienes?

—No sé... Sesenta, setenta, ochenta... No sé... Lo he olvidado. Pero eso, ¿qué importa?

—Mira, amigo. Las datileras tardan más de cincuenta años en crecer, y sólo cuando se convierten en palmeras adultas están en condiciones de dar frutos. Yo no te estoy deseando el mal, y lo sabes. Ojalá vivas hasta los ciento un años, pero tú sabes que difícilmente podrás llegar a cosechar algo de lo que hoy estás sembrando. Deja eso y ven conmigo.

—Mira, Hakim. **Yo he comido los dátiles que sembró otro**, otro que tampoco soñó con comer esos dátiles. Yo siembro hoy para que otros puedan comer mañana los dátiles que estoy plantando... Y aunque sólo fuera en honor de aquel desconocido, vale la pena terminar mi tarea.

—Me has dado una gran lección, Eliahu. Déjame que te pague con una bolsa de monedas esta enseñanza que hoy me has dado —y, diciendo esto, Hakim puso en la mano del viejo una bolsa de cuero.

—Te agradezco tus monedas, amigo. Ya ves, a veces pasa esto: tú me pronosticabas que no llegaría a cosechar lo que sembrara. Parecía cierto, y sin embargo, fíjate, todavía no he acabado de sembrar y ya he cosechado una bolsa de monedas y la gratitud de un amigo.

—Tu sabiduría me asombra, anciano. Esta es la segunda gran lección que me das hoy, y quizás es más importante que la primera. Déjame pues que pague también esta lección con otra bolsa de monedas.

—Y a veces pasa esto —siguió el anciano. Y extendió la mano mirando las dos bolsas de monedas—: **sembré para no cosechar y, antes de terminar de sembrar coseché no sólo una, sino dos veces.**

—Ya basta, viejo. No sigas hablando. Si sigues enseñándome cosas tengo miedo de que toda mi fortuna no sea suficiente para pagarte...

—¿Entiendes, Demián? —me preguntó el gordo.

—Más que eso. ¡Me doy cuenta! —contesté yo...

AUTORRECHAZO

... Aquel día, cuando terminamos la sesión, el gordo me dio un sobre cerrado que decía: «Para Demián».

—¿Y esto? —pregunté.
—Es tuyo. Lo escribí para ti hace muchos meses.
—¿Hace muchos meses?
—Sí. A decir verdad, se me ocurrió pocas semanas después de que empezases a venir a terapia. Yo estaba leyendo un poema escrito por un americano, Leo Booth. El texto de Booth empezaba con el primer párrafo de lo que vas a leer ahora... Y mientras leía aparecía tu imagen en mi retina y tus palabras de las primeras sesiones resonaban en mis oídos... Así que me senté y te escribí esto.
—¿Y por qué me lo das justo ahora?
—Porque creo que antes no lo hubieras entendido.
Leí...

AUTORRECHAZO

Estaba allí desde el primer momento,
en la adrenalina

que circulaba por las venas de tus padres
cuando hacían el amor para concebirte,
y después en el fluido
que tu madre bombeaba a tu pequeño corazón
cuando todavía eras sólo un parásito.

Llegué a ti antes de que pudieras hablar,
antes aún de que pudieras entender algo
de lo que los demás te decían.
Estaba ya, cuando torpemente
intentabas dar tus primeros pasos
ante la mirada burlona y divertida de todos.
Cuando estabas desprotegido y expuesto,
cuando eras vulnerable y necesitado.

Aparecí en tu vida
de la mano del pensamiento mágico;
me acompañaban...
las supersticiones y los conjuros,
los fetiches y los amuletos...
las buenas formas, las costumbres y la tradición...
tus maestros, tus hermanos y tus amigos...

Antes de que supieras que yo existía
dividí tu alma en un mundo de luz y uno de oscuridad.
Un mundo de lo que está bien y otro de lo que no lo
está.

Yo te traje tus sentimientos de vergüenza,
te mostré todo lo que hay en ti de defectuoso,
de feo,
de estúpido,

de desagradable.
Yo te colgué la etiqueta de «diferente»,
cuando te dije por primera vez al oído
que algo no andaba del todo bien en ti.

Existo desde antes de la conciencia,
desde antes de la culpa,
desde antes de la moralidad,
desde los principios del tiempo,
desde que Adán se avergonzó de su cuerpo
al notar que estaba desnudo...
¡y lo cubrió!

Soy el invitado no querido,
el visitante no deseado,
y sin embargo
soy el primero en llegar y el último en irme.
Me he vuelto poderoso con el tiempo
escuchando los consejos de tus padres sobre cómo
triunfar en la vida.

Observando los preceptos de tu religión,
que te dicen qué hacer y qué no hacer
para poder ser aceptado por Dios en su seno.
Sufriendo las bromas crueles
de tus compañeros de colegio
cuando se reían de tus dificultades.
Soportando las humillaciones de tus superiores.
Contemplando tu desgarbada imagen en el espejo
y comparándola después con las de los «famosos»
que salen por televisión.

Y ahora, por fin,
poderoso como soy
y por el simple hecho
de ser mujer,
de ser negro,
de ser judío,
de ser homosexual,
de ser oriental,
de ser discapacitado,
de ser alto, bajito o gordo...
puedo transformarte
en un montón de basura,
en escoria,
en un chivo expiatorio,
en el responsable universal,
en un maldito
bastardo
desechable.

Generaciones y generaciones de hombres y mujeres
me apoyan.
No puedes librarte de mí.

La pena que causo es tan insostenible
que para soportarme
deberás pasarme a tus hijos,
para que ellos me pasen a los suyos
por los siglos de los siglos.

Para ayudarte a ti y a tu descendencia
me disfrazaré de perfeccionismo,
de altos ideales,

de autocrítica,
de patriotismo,
de moralidad,
de buenas costumbres,
de autocontrol.

La pena que te causo es tan intensa
que querrás negarme
y, para eso,
intentarás esconderme detrás de tus personajes,
detrás de las drogas,
detrás de tu lucha por el dinero,
detrás de tus neurosis,
detrás de tu sexualidad indiscriminada.
Pero no importa lo que hagas,
no importa a dónde vayas.
Yo estaré allí,
siempre allí.
Porque viajo contigo
día y noche
sin descanso,
sin límites.

Yo soy la causa principal de la dependencia,
de la posesividad,
del esfuerzo,
de la inmoralidad,
del miedo,
de la violencia,
del crimen,
de la locura.

Yo te enseñé el miedo a ser rechazado
y condicioné tu existencia a ese miedo.
De mí dependes para seguir siendo
esa persona buscada, deseada,
aplaudida, gentil y agradable
que hoy muestras a los demás.
De mí dependes
porque yo soy el baúl en el que has escondido
aquellas cosas más desagradables,
más ridículas,
menos deseables de ti mismo.

Gracias a mí
has aprendido a conformarte
con lo que la vida te da,
porque, después de todo,
cualquier cosa que vivas será siempre más
de lo que crees que mereces.

Has adivinado, ¿verdad?

Soy el sentimiento de rechazo que sientes hacia ti mismo.

SOY... EL SENTIMIENTO DE RECHAZO
QUE SIENTES HACIA TI MISMO.

Recuerda nuestra historia...

Todo empezó aquel día gris
en que dejaste de decir orgulloso:
«¡YO SOY!»

Y, entre avergonzado y temeroso,
bajaste la cabeza
y cambiaste tus palabras y actitudes
por un pensamiento:
«YO DEBERÍA SER...»

—Claro —confirmé—. Antes no lo habría entendido.

—... y además, Demián, te lo doy ahora porque no quiero que termine tu paso por este consultorio sin que te lo lleves.

—¿Me estás echando? —pregunté como solía hacer.

Por primera vez desde que conocía a Jorge, lo vi tartamudear.

—Creo que sí... —susurró.

El gordo guiñó un ojo, se sonrió y me rozó la mejilla con su mano...

—Te quiero mucho, Demián...

—Yo también te quiero mucho, gordo...

Sin decir una palabra más, me levanté.

Me acerqué y di a Jorge un beso y un largo abrazo...

Después salí a la calle...

Por alguna razón, sentía que **mi vida** empezaba esa tarde...

EPÍLOGO

Y bien... Esto es todo.

Durante los últimos meses he intentado compartir contigo algunos de los cuentos que suelo contar a las personas que quiero.

Algunos cuentos que me suelen servir a mí mismo para alumbrar pasajes oscuros de mi propio camino.

Algunos cuentos que me acercaron a personas a quienes admiré y admiro por su sabiduría.

Algunos cuentos, en fin, que me gustan, que disfruto y que amo cada vez más.

Un libro de cuentos termina, por supuesto, con un cuento. Este se titula *La historia del diamante oculto*, y está basado en un relato de I.L. Peretz.

En un país muy lejano vivía un campesino.

Era el dueño de un pequeño trozo de tierra en el que cultivaba cereales, y de un jardincito que hacía las veces de huerta donde la esposa del campesino plantaba y cuidaba algunas hortalizas que ayudaban al magro presupuesto familiar.

Un día, mientras trabajaba su campo tirando con su propio esfuerzo de un rudimentario arado, vio entre los terrones de la buena tierra algo que brillaba intensamente. Casi desconfiado, se acercó y lo levantó. Era como un vidrio enorme. Se sorprendió del brillo, que deslumbraba al recibir los rayos del sol. Comprendió que se trataba de una piedra preciosa y que debía tener un valor enorme.

Por un momento, su cabeza empezó a soñar con todo lo que podría hacer si vendía el brillante, pero enseguida pensó que esa piedra era un regalo del cielo y que debía cuidarla y usarla solamente en caso de emergencia.

El campesino terminó su tarea y volvió a su casa llevando consigo el diamante.

Tuvo miedo de guardar la joya en la casa así que, cuando anocheció, salió al jardín, hizo un pozo en la tierra, entre los tomates, y enterró allí el diamante. Para no olvidar dónde estaba enterrada la joya, puso justo encima del lugar una roca amarillenta que encontró por allí.

A la mañana siguiente, el campesino llamó a su esposa, le enseñó la roca y le pidió que por ninguna razón la moviera de donde estaba. La esposa le preguntó por qué tenía que estar aquella extraña piedra entre sus tomates. El campesino no se atrevía a contarle la verdad porque temía preocuparla, así que le dijo: «Esta es una piedra muy especial. Mientras esa piedra esté en ese lugar, entre los tomates, tendremos suerte».

La esposa no discutió aquel desconocido fervor supersticioso de su marido y se las ingenió para arreglar sus tomateras.

El matrimonio tenía dos hijos: un niño y una niña. Un día, cuando la niña tenía diez años, le preguntó a su madre por la piedra del jardín.

—Trae suerte —dijo la madre. Y la niña se conformó.

Una mañana, cuando la hija salía para ir al colegio, se acercó a los tomates y tocó la roca amarillenta (aquel día tenía que presentarse a un examen muy difícil).

Sólo por casualidad, o porque la niña fue con más confianza a la escuela, el caso es que el examen le salió muy bien y la niña confirmó «los poderes» de la piedra.

Aquella tarde, cuando la niña volvió a casa, llevó una pequeña piedra amarillenta que colocó al lado de la anterior.

—¿Y eso? —preguntó la madre.

—Si una piedra trae suerte, dos nos traerán más suerte aún —dijo la niña con una lógica indiscutible.

A partir de aquel día, cada vez que la niña encontraba una de aquellas piedras, la llevaba junto a las anteriores.

Como en un juego de complicidades o por acompañar a su hija, también la madre empezó al poco tiempo a apilar piedras junto a las de la niña.

El hijo varón, en cambio, creció con el mito de las piedras incorporado a su vida. Desde pequeño le habían enseñado a apilar piedras amarillentas al lado de las anteriores.

Un día, el niño trajo una piedra verdosa y la apiló con las otras...

—¿Qué significa esto, jovencito? —le increpó la madre.

—Me ha parecido que la pila podía quedar más bonita con un toque verdoso —explicó el joven.

—De ninguna manera, hijo. Quita esa piedra de entre las otras.

—¿Por qué no puedo poner esta piedra verde con las demás? —preguntó el niño, que siempre había sido bastante rebelde.

—Porque... Eh... —balbuceó la madre (ella no sabía por qué sólo traían buena suerte las piedras amarillentas. Sólo recordaba las palabras de su marido diciendo que «una piedra como esta entre los tomates trae suerte»).

—¿Por qué, mamá? ¿Por qué?

—Porque... las piedras amarillas traen suerte sólo si no hay piedras de otro color cerca —inventó la madre.

—Eso no puede ser —cuestionó el niño— ¿Por qué no van a traer igual suerte si están con otras?

—Porque... eh... ah... las piedras de la suerte son muy celosas.

—¿Celosas? —repitió el joven con una risa irónica— ¿Piedras celosas? ¡Eso es ridículo!

—Mira, yo no sé de los porqué y de los porqué-no de las rocas. Si quieres saber más, pregúntale a tu padre —le dijo la madre. Y se fue a hacer sus cosas, no sin antes retirar la intrusa piedra verdosa que el niño había traído.

Esa noche, el niño esperó hasta tarde a que su padre volviera del campo.

—Papá, ¿por qué las piedras amarillentas traen suerte? —le preguntó nada más entrar—. ¿Y por qué las verdosas no? ¿Y por qué las amarillas traen menos suerte si hay una verde cerca? ¿Y por qué tienen que estar entre los tomates?

... Y hubiera seguido preguntando antes de escuchar una repuesta si su padre no hubiera levantado la mano en señal de alto.

—Mañana, hijo, saldremos juntos al campo y contestaré todas tus preguntas.

—¿Y por qué hasta entonces...? —quiso seguir el joven.

—Mañana, hijo, mañana —lo interrumpió el padre.

A la mañana siguiente, muy temprano, cuando todos dormían en la casa, el padre se acercó al joven, lo despertó con ternura, lo ayudó a vestirse y lo llevó con él al campo.

—Mira, hijo. Hasta ahora no te he contado esto porque creía que no estabas preparado para conocer la verdad. Pero hoy me parece que has crecido, que ya eres un hombrecito y estás en condiciones de saber cualquier cosa y guardar el secreto mientras sea necesario.

—¿Qué secreto, papá?

—Te lo diré. Todas esas piedras están entre los tomates para marcar un lugar determinado del jardín. Debajo de todas esas rocas está enterrado un valioso diamante, que es el tesoro de esta familia. Yo no quise que los demás lo supieran porque me pareció que no se habrían quedado tranquilos. Así como hoy comparto el secreto contigo, tuya será desde hoy la responsabilidad del secreto familiar... Algún día tendrás tus propios hijos, y algún día sabrás que alguno de ellos tiene que ser informado sobre el secreto. Ese día llevarás a tu hijo lejos de la casa y le contarás la verdad sobre la joya escondida, como yo te la estoy contando hoy a ti.

El padre besó en la mejilla a su hijo y siguió.

—Guardar un secreto consiste también en saber cuándo es el momento y quién es la persona que puede ser digna del mismo. Hasta que no llegue el día de elegir, debes dejar que los demás miembros de la familia, todos los demás, crean lo que quieran sobre las rocas amarillas, verdes o azules.

—Puedes confiar en mí, papá —dijo el jovencito, y se irguió para parecer más mayor.

... Pasaron los años. El viejo campesino murió y el jovencito se hizo hombre. También tuvo sus hijos y, de entre todos ellos, hubo uno sólo que supo en su momento el secreto del brillante. Todos los demás creían en la suerte que traían las piedras amarillentas.

Durante años y años, generación tras generación, los miembros de aquella familia acumularon piedras en el jardín de la casa. Se había formado allí una enorme montaña de piedras amarillentas, una montaña a la que la familia honraba como si fuera un enorme talismán infalible.

Sólo un hombre o una mujer de cada generación era depositario de la verdad sobre el diamante. Todos los demás adoraban las piedras...

Hasta que un día, vete tú a saber por qué, el secreto se perdió. Quizás un padre murió súbitamente. Quizás un hijo no creyó lo que le contaron. Lo cierto es que desde aquel momento hubo quienes siguieron creyendo en el valor de las piedras y hubo también quienes cuestionaron aquella vieja tradición. Pero nunca más nadie se acordó de la joya escondida...

*Estos cuentos que acabas de leer
son apenas algunas piedras.
Piedras verdes,
piedras amarillas,
piedras rojas.*

*Estos cuentos
han sido escritos sólo
para señalar un lugar o un camino.*

*El trabajo de buscar dentro,
en lo profundo de cada relato,
el diamante que está escondido...
... es tarea de cada uno.*

Autorrechazo: inspirado en una poesía de L. Booth citada por J. Bradshaw.

Buscando a Buda: versión libre de un cuento de M. Menapace, *Cuentos rodados*, ed. Patria Grande.

Carpintería «El Siete»: modificado de M. Menapace *Entre el brocal y la fragua*, ed. Patria Grande.

Dos de Diogenes: tomados de dos relatos tradicionales griegos en *Mitos y leyendas*, ed. Helénica.

Dos números menos: de la imaginación del autor.

El centauro: de un cuento infantil de autora argentina, versión del autor.

El círculo del 99: de una idea de Osho en *Los tres tesoros*, ed. Kier.

El cruce del río: de un relato zen de S. Sumish, *El Koan*, ed. Visión.

El detector de mentiras: del libro *Cuentos para pensar*, de J. Bucay, ed. Aquí y ahora, edición 1978.

El diamante en el huerto: inspirado en un cuento talmúdico citado por el rabino M. Edery.

El elefante encadenado: de la imaginación del autor.

El gato del ashram: de Osho en *El fuego sagrado*, ed. Humanitas.

El leñador esforzado: de A. Beauregard, *Cápsulas motivacionales*, ed. Diana.

El hombre que se creía muerto: de un cuento ruso tradicional, versión del autor.

El juez justo: de un cuento de Moss Roberts, *Cuentos fantásticos de China*, ed. Crítica.

El laberinto: del libro *Cuentos para pensar*, de J. Bucay, ed. Aquí y ahora, edición 1978.

El ladrillo boomerang: de la imaginación del autor.

El plantador de dátiles: de un cuento sefardí de *Leo Rothen's Jewish Treasury*, ed. Bantam Books.

El portero del prostíbulo: de un viejo relato talmúdico citado por M. Buber.

El reloj parado a las siete: basado en un relato de G. Papini en *El piloto ciego*, ed. Hispanoamérica.

El rey ciclotímico: de la tradición tibetana, K. Moghama, *Cuentos y leyendas del Tíbet*, ed. Oriente.

El rey que quería ser alabado: de un relato sufí de Y. Selman, *El increíble Goha*, versión del autor.

El sueño del esclavo: de un planteamiento socrático citado por L. Klicksberg.

El tesoro enterrado: historia talmúdica de M. Buber, *Leket*, de M. Buber, ed. Hemed.

El verdadero valor del anillo: de un cuento sefardí relatado familiarmente.

Factor común: de la imaginación del autor.

La ejecución: de una parábola sufí de I. Shah, *Pensadores de Oriente*, ed. Kier.

La esposa del ciego: de una historia tradicional del Senegal, versión del autor.

La esposa sorda: del humor popular relatado por J. Marrone, versión del autor.

La gallina y los patitos: de R. Trossero, *La sabiduría del caminante*, ed. Bonum.

La mirada del amor: inspirado en un cuento popular francés, versión del autor.

La olla embarazada: versión libre de un relato de A.H. Halka, *Nasrudim*.

La teta o la leche: de una idea tomada de un refrán popular, versión del autor.

La tienda de la verdad: basado en un relato de A. de Mello, *El canto del pájaro*, ed. Lumen.

Las alas son para volar: del libro *Cuentos para pensar*, J. Bucay, ed. Aquí y ahora, edición 1978.

Las ranitas en la nata: de M. Menapace, *Cuentos rodados*, ed. Patria Grande.

Las lentejas: adaptado de una cita de A. de Mello en *El canto del pájaro*, ed. Lumen.

Los diez mandamientos: de un cuento cristiano citado por F. Jalics, versión del autor.

Los retoños del ombú: basado en un relato de R. Trossero en *La sabiduría del caminante*. Ed. Bonum.

¡No mezclar!: de un cuento hindú citado por I. Shah en *La sabiduría de los idiotas*, versión del autor.

Otra vez las monedas: versión libre de un cuento judío leído en *Leo Rothen's Jewish Treasury*, ed. Bantam Books.

Pobres ovejas: historia del folklore argentino, versión del autor.

Por una jarra de vino: versión modificada de un cuento de Don Juan Manuel, *Conde Lucanor*, ed. Hispanoamérica.

Posesividad: de la imaginación del autor.

Preguntas: de la imaginación del autor.

¿Qué terapia es ésta?: de la imaginación del autor.

¿Quién eres?: inspirado en un cuento modificado de G. Papini, *Lo trágico cotidiano*, ed. Hispanoamérica.

Regalos para el maharaja: de un cuento tomado de I. Shah, *Lo que un pájaro debería parecer*, ed. Octógono.

Solos y acompañados: tomado de A. Beuregard, *Cápsulas motivacionales*, ed. Diana.

Torneo de canto: tomado de A. Yunque, de *Los animales hablan*, Ediciones Pedagógicas.

Yo soy Peter: basado en un cuento de Anthony de Mello.

Bibliografía adicional

AL-QALYOUBI, Ahmad, *Lo fantástico y lo cotidiano*, Visión Libros.

BETTELHEIM, Bruno, *Psicoanálisis de los cuentos de hadas*, Crítica.

CATTAN, Henry, *The Garden of Joys*, Namara Publications.

FERNÁNDEZ, Mario R., *Cuentos americanos*, Editorial Universitaria.

GARDENER, Martín, *Paradojas*.

GIBRAN, Khalil, *El profeta*, Galerna.

GOUGAUD, Henri, *El árbol de los soles*, Crítica.

HALEY, Jay, *Terapia no convencional*, Amorrortu.

KHAYYAM, Omar, *Rubaiyat*, Andrómeda.

LA FONTAINE, *Fábulas*, Iridium.

PINO SAAVEDRA, Yolando, *Cuentos mapuches de Chile*, Editorial Universitaria.

TAUSCH, Reinhard y Anne-Marie, *Psicoterapia por la conversación*, Herder.

WATZLAWICK, Paul, *El lenguaje del cambio*, Herder.

Los lectores interesados encontrarán información sobre los cursos y charlas de Jorge Bucay en:

www.bucay.com

También pueden contactar con el autor a través del correo electrónico:

jorgebucay@rba.es